Wir alle sind

Kinder des Wassers

Wir alle sind

Kinder des Wassers

Michel Odent
& Jessica Johnson

Kösel

Inhalt

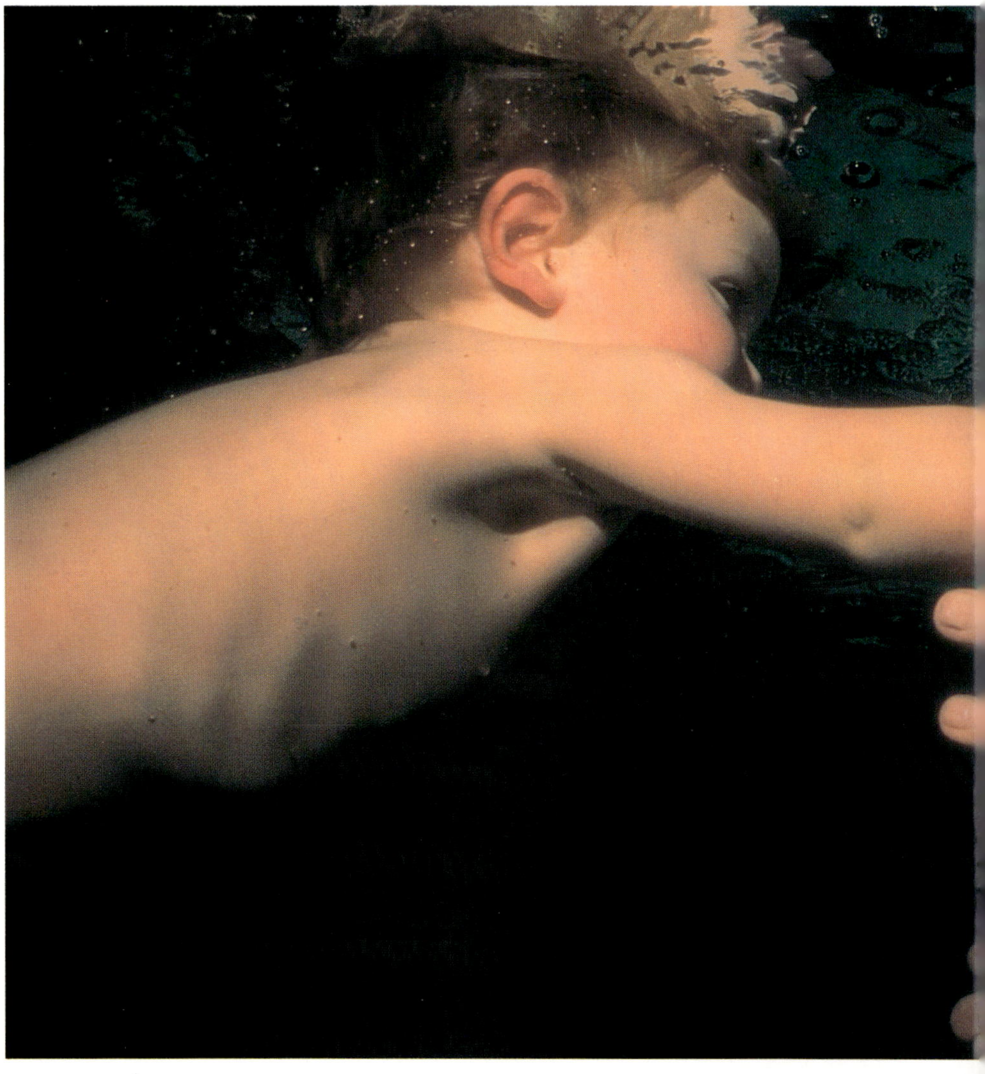

Dieses Buch ist Falcon, meinem Partner, und unseren beiden Söhnen Dashiell und Hugo gewidmet.
J. J.

Übersetzung aus dem Englischen:
Maria Andreas, München.
Die Originalausgabe erschien unter dem Titel »We are all Water Babies« bei Dragon's World Ltd., Surrey.

Satz: Kösel, Kempten. Printed in Spain.
Photos S. 53 und 124 © Barry Lategan und John Tarrant. Photos S. 59 und 65 mit freundlicher Genehmigung von Michel Odent.

ISBN 3-466-34331-3

Wichtig:
Dieses Buch versteht sich nicht als Anleitung. Eltern, die ihre Babys früh mit den Freuden des Schwimmens vertraut machen möchten, wenden sich bitte an spezialisierte Schwimmlehrer.

Wir alle sind Kinder des Wassers

Die Photographin Jessica Johnson, von der die Bilder stammen, hat viel über die Beziehung von Mensch und Wasser gelernt, durch eigene Erfahrungen und unzählige Gespräche während der Arbeit an diesem Buch. Anmerkungen von ihr und von Menschen, die sie photographiert hat, ziehen sich in Anführungszeichen durchs ganze Buch.

“Anläßlich einer Konferenz in Brüssel zum Thema Delphine überlegte ich, wie dieses Buch eigentlich zustande kam.

Dr. Horace Dobbs, einer der bedeutendsten Delphinforscher, hielt dort einen Vortrag über seine Studien zur Wirkung von Delphinen auf den Menschen, vor allem auf depressive. Seine Forschungen hatten ihn zur Gründung der ›Operation Sonnenblume‹ veranlaßt, so benannt nach einer Frau, die ihren manisch-depressiven Mann Bill mit einem Delphin schwimmen und zum ersten Mal nach zwölf Jahren lächeln sah. Sie sagte, er sei ›aufgeblüht wie eine Sonnenblume‹.

Bei ›Sonnenblume‹ fiel Dobbs der depressive Maler Vincent van Gogh ein, der seine Gefühle in seinen Bildern so kraftvoll zum Ausdruck brachte. Der Projektname stand also nicht nur für Bill, sondern auch für die Verbindung zwischen Kunst und Wissenschaft. Beide Disziplinen sollten zu harmonischer Zusammenarbeit ermutigt werden, um immer mehr Menschen ein neues Bewußtsein und neue Möglichkeiten zu eröffnen.

Auf ganz ähnliche Weise wurde ich durch zwei voneinander unabhängige Erfahrungen zu diesem Buch inspiriert: meine ersten Taucherlebnisse, bei denen ich meine anfängliche Angst vor dem Untertauchen überwinden mußte, und die Beobachtung, wie sich Babys die ersten Monate nach der Geburt völlig angstfrei im und unter Wasser bewegen.”

Die Einführung des bezahlten Urlaubs war ein Wendepunkt in der Sozialgeschichte unseres Jahrhunderts. Ich war damals ein sechsjähriger Junge, als im französischen Parlament das neue Gesetz verabschiedet wurde. Da folgten Tausende von Familien, auch die meine, gleichzeitig demselben Impuls: Wir fuhren in die Normandie, saßen eine Sommerwoche lang am Strand und betrachteten die Wellen. Diese mächtige Anziehungskraft des Wassers hat sich tief in mein Gedächtnis eingegraben und wurde mir später in vielen Situationen meines Berufs- und Privatlebens wieder gegenwärtig.

»Gegen den Strom schwimmen« – besser läßt sich nicht umschreiben, wie wir in den 70er Jahren auf der Entbindungsstation der staatlichen Klinik in Pithiviers gearbeitet haben. Damals war die Geburtshilfe stark von Theorien beeinflußt, wenn nicht beherrscht. Man ging davon aus, daß sich die Geburtsstatistiken nur verbessern ließen, wenn man die Überwachung der Babys während der Wehen immer weiter perfektionierte und zu diesem Zweck immer kompliziertere technische Geräte in die Kreissäle einführte. In der Geburtshilfe brach das elektronische Zeitalter an, bevor überhaupt untersucht wurde, welche Nebenwirkungen eine hochtechnisierte Umgebung auf den Geburtsvorgang haben könnte. Wir in Pithiviers machten es genau umgekehrt – Grund genug, um bei den Schulmedizinern auf Verständnisschwierigkeiten zu stoßen. Unser Ziel war in der Medizin paradoxerweise neu, aber simpel: die möglichst leichte Geburt. In der Praxis führte das vor allem zur Einrichtung kleiner, wohnlicher Geburtszimmer mit gedämpftem Licht und entspannter Atmosphäre.

In diesem neuen Rahmen fiel uns auf, wie stark sich viele Frauen während der Wehen zum Wasser hingezogen fühlen. Sie wollen duschen oder baden. An einem Wintertag marschierte ich in den nächsten Laden und kaufte zur Überraschung der Inhaberin ein aufblasbares blaues Plantschbecken für die Klinik. Auch unsere vielbeschäftigten Haustechniker staunten nicht schlecht, als ich sie bat, einen Wasseranschluß

Links und unten: *Der Mensch fühlt sich unwiderstehlich zum Wasser hingezogen. Sanfte Wellen oder eine tosende Brandung können unsere Stimmung stark beeinflussen.*

❝ Der ungewöhnlichen Methode, Babys ohne Schwimmhilfen das Schwimmen beizubringen, bin ich zum ersten Mal bei meiner Freundin Lauren Heston begegnet. Bevor sie die Winzlinge unterrichtete, hatte Lauren in vielen Unterwasserfilmen mitgewirkt. Schönheit und Anmut verbinden sich bei ihr mit großer physischer Ausdauer. Lauren kann ohne Sauerstoffgerät und Schutzkleidung lange Zeit unter Wasser bleiben, oft in großen Tiefen (bis 27 m). Mit Sauerstoff wird sie dabei nur von einem begleitenden Taucher versorgt, in regelmäßigen, aber manchmal recht langen Abständen.

Nachdem ich die Babys mit Laurens Hilfe beobachtet und photographiert hatte, kam mir die Idee zu einem Buch, das die Heilkräfte des Wassers in unserem Leben von der Geburt bis zum Tod anschaulich machen würde.

Zwar hatte ich das Gesamtkonzept des Buches im Kopf, konnte aber nicht voraussehen, auf welche Entdeckungsreise mich die Arbeit führen würde, und welch faszinierende Menschen ich dabei kennenlernen sollte. Und da ich von den Medizinern immer mit Herzlichkeit und offenen Armen empfangen wurde, erkannte ich, daß zwischen Künstlern und Wissenschaftlern eine erfolgreiche und produktive Zusammenarbeit möglich ist. ❞

für das Becken herzustellen. Trotzdem ließen sie gleich alles liegen und stehen und machten sich mit unglaublichem Eifer an die Arbeit, als ob sie die Bedeutung der Sache erkannt hätten.

So also kam es, kurz skizziert, zu den Wassergeburten in der Klinik. Kaum war unser Planschbecken betriebsbereit, offenbarten sich mir die denkwürdigsten Aspekte der Faszination, die das Wasser auf den Menschen ausübt. Ich könnte unzählige Geschichten von Gebärenden erzählen, deren unwiderstehlicher Drang zum Wasser die schönsten Pläne unseres Personals über den Haufen warf. Die Frauen konnten es gar nicht erwarten, ins Becken zu steigen! Sobald der Hahn lief, saßen sie schon im kaum fingerhohen Wasser. Ein derart spontanes, irrationales Verhalten war meist ein Zeichen dafür, daß gleich kräftige und wirksame Wehen die Geburt einleiten würden, noch bevor das Becken ganz voll war.

Von nun an ging ich der magischen Kraft, die Mensch und Wasser verbindet, bewußt nach, wodurch scheinbar belanglose Kleinigkeiten im Alltag für mich neue Bedeutung gewannen. Warum singen oder pfeifen so viele Leute nur in der Badewanne, bei aufgedrehtem Wasserhahn? In London gehe ich an sonnigen Sommertagen gern auf dem Parlamentshügel spazieren und schaue den Kindern zu, die dort im Wasser herumplantschen. Daß die Kleinen in ihrem natürlichen Element sind, springt dem Betrachter regelrecht ins Auge – sie sind einfach euphorisch! Dieselbe kindliche Euphorie packte mich, als ich im Golf von Mexiko mit einer Schule von Delphinen mitschwamm. Scheinbar besitzen das Meer und die Delphine die Fähigkeit, das Kind in uns freizulegen. Deshalb legen wir auch so leicht unser rationales Verhalten ab, wenn Wasser ins Spiel kommt. Vielleicht erklärt sich nicht zuletzt damit die Einstellung mancher Geburtshelfer zur Wassergeburt.

In diesem Buch ist es Jessicas Aufgabe, an unsere emotionale Seite zu appellieren, während es meine Aufgabe ist, den Intellekt anzusprechen. Auf beiden Wegen wollen wir dasselbe vermitteln. Kernthema

dieses Buchs ist die Tatsache, daß der Mensch mit zwei Gehirnen leben muß: dem alten, primitiven, emotionalen Stammhirn und dem neuen Gehirn, der hochentwickelten Großhirnrinde. Der Neokortex besitzt die Macht, das instinktiv arbeitende Stammhirn in vielen Situationen zu hemmen oder zu unterdrücken, zum Beispiel beim Schwimmen, Gebären oder sexuellen Erleben. Wasser ist der ursprüngliche und beste Mittler zwischen unseren beiden Gehirnteilen und kann harmonisierend auf sie einwirken.

Lassen Sie dieses Buch nach der Lektüre in Reichweite liegen. Wenn Sie sich glücklich oder traurig, krank oder alt fühlen, dann betrachten Sie noch einmal die bewegenden Bilder. Wir alle sind Kinder des Wassers.

Dämmerung am Strand – eine friedliche Szene, die unsere tiefverwurzelte innere Nähe zum Wasser anspricht.

Dieses Buch, an dem so viele Menschen mitgewirkt haben, an erster Stelle Michel Odent, ist das greifbare Ergebnis der Zusammenarbeit von Kunst und Wissenschaft. Die Arbeit daran hat in vielen Bereichen meine Wahrnehmung verändert, mich von der Notwendigkeit überzeugt, uns ein gesundes, liebevolles Leben zu erhalten, und mir gezeigt, wie uns Wasser dabei helfen kann.

Ich hoffe, daß mit diesem Wissen künftige Generationen ganz von selbst Liebe und Respekt für das Wasser empfinden werden, das zwei Drittel unseres Planeten bedeckt, 87 Prozent unseres Körpers ausmacht und wahrscheinlich das wichtigste Element überhaupt für das Leben auf der Erde ist.

Kommen Sie mit auf die Reise.

Kinder, die früh mit Wasser vertraut sind, lieben und respektieren es und, was äußerst wichtig ist, reagieren richtig, sollten sie einmal in eine schwierige Situation geraten.

1 Neugeborene können schwimmen!

Als Kapitän Cook 1778 die Hawaii-Inseln entdeckte, schrieb er später über Neugeborene, die dort »auf dem Rücken in den warmen Bächen und Lagunen schwammen«. Tatsächlich konnten sich die Menschen immer schon, wo sie Zugang zu ruhigen und warmen Gewässern hatten, im Wasser bewegen, bevor sie laufen lernten. Beispiele dafür finden sich auch bei den kalifornischen Yokur-Indianern und bei afrikanischen Stämmen am Kongo.

Bis vor kurzem wurden die Fähigkeiten Neugeborener in westlichen Gesellschaften allgemein unterschätzt; daß sie schwimmen können, war sogar völlig unbekannt.

Das änderte sich schlagartig 1939, als Dr. Myrtle McGraw im

Rechts: *Lauren schiebt Hannah sanft durch das Wasser. Junge Babys haben unter Wasser keine Angst und halten ihre Augen meist offen.*

Journal of Pediatrics einen Artikel über das Schwimmverhalten von Säuglingen veröffentlichte. McGraw filmte 42 Babys in den ersten zweieinhalb Lebensjahren und beschrieb ihre Reaktionen. Sie beobachtete diese Kinder in verschiedenen Abständen, in insgesamt 445 Sitzungen. Ihr enormer Fundus an Daten bildet die Grundlage unseres heutigen Wissens über das Schwimmverhalten unserer Babys.

In der ersten Entwicklungsphase, die mit den ersten Lebenswochen beginnt und nicht länger als vier Monate dauert, zeigt ein Kind, das mit den Gesicht nach unten ins Wasser gelegt wird, verblüffende Bewegungen. Rhythmisch beugen und

Unten: *In den ersten vier Lebensmonaten können Kinder ein kleines Stück vorwärtspaddeln, wenn sie bäuchlings ins Wasser gelegt werden. Ihre Bewegungen sind noch wirkungsvoller, wenn sie vollständig untertauchen.*

Unten: *Beim Babyschwimmen in Oostende läßt ein stolzer Vater seine drei Wochen alte Tochter auf seiner Hand im Wasser ruhen.*

Gegenüber: *Das Neugeborene ist für das Tauchen gut gerüstet und hält unter Wasser automatisch den Atem an. Man nennt das den »Tauchreflex«.*

strecken sich Ärmchen und Beinchen, der Rumpf schwingt von einer Seite zur anderen, und damit kommt das Kleine ein Stückchen voran. Die Bewegungen sind noch ausgeprägter und besser koordiniert, wenn das Baby ganz unter Wasser ist. Und das ist die zweite bemerkenswerte Erkenntnis McGraws: Das menschliche Neugeborene ist perfekt für das Tauchen gerüstet; es hält automatisch den Atem an, wenn es untertaucht. Die Schwimmbewegungen und die Kontrolle des Atems verstärken sich sogar gegenseitig. Liegt ein Baby in derselben Haltung im Wasser, wobei es unter dem Kinn gestützt wird, sind die Schwimmbewegungen unharmonisch.

Mit oder nach vier Monaten werden die Bewegungen unkoordiniert. Oft bewegen sich Babys, die unter dem Kinn gestützt werden, überhaupt nicht mehr, oder sie versuchen, wenn man sie bäuchlings untertaucht, sich auf den Rücken zu drehen. Auch rudern sie hektisch herum, als ob sie die Hand eines Erwachsenen suchten, schlucken manchmal größere Mengen Wasser und husten häufig, wenn sie mit dem Kopf wieder aus dem Wasser auftauchen.

Gegen Anfang des zweiten Lebensjahres erlangt ein Kind wieder die Fähigkeit, koordinierte Schwimmbewegungen auszuführen. Doch diese Bewegungen sind weniger automatisch als in den ersten Wochen; das Baby bewegt sich gezielt, um den Rand des Beckens zu erreichen. McGraw bemerkte, daß keines der Kinder den Kopf aus dem Wasser streckte, um Luft zu holen.

Die beschriebenen drei Entwicklungsphasen sind leicht erkennbar, wenn die Kinder in der Bauchlage untergetaucht werden. Anders in der Rückenlage: Dann schlagen sie, egal wie alt sie sind, panisch um sich, drehen sich aber nicht in die Bauchlage. McGraw konnte ihre bahnbrechenden Entdeckungen machen, weil sie als erste die Babys auf den Bauch legte.

McGraws Studien sind aus zwei Gründen wichtig. Erstens beschrieb sie detailliert die drei Entwicklungsphasen, zweitens

interpretierte sie das Schwimmverhalten von Kleinkindern als Folge der komplexen Beziehung zwischen den primitivsten Strukturen des Gehirns und den entwicklungsgeschichtlich jüngeren. Demnach gehört das automatische »Schwimmen« der ersten Lebenswochen zu einem System früher Reflexe, die ganz vom primitiven Gehirnteil kontrolliert werden. Ein paar Monate nach der Geburt entwickelt sich mit dramatischer Geschwindigkeit das »neue« Gehirn, der Neokortex, und übernimmt die Regelfunktionen. Schwierig dabei ist die Übergangsphase, wenn der Neokortex schon dominant genug ist, um die primitiven Reflexe zu unterdrücken, aber noch zu schwach, um gezieltes Verhalten zu koordinieren. Hat der Neokortex dann einen gewissen Reifegrad erreicht und sind die neuen Mechanismen gefestigt, muß das Kind erst wieder lernen, mit dem Gesicht nach unten im Wasser zu liegen, da es jetzt den Drang hat, sich aufzurichten.

Zwar hat McGraw das Schwimmverhalten nur bis zum Alter von zweieinhalb Jahren ausführlich untersucht, merkte aber an, daß die meisten fünf- oder sechsjährigen Kinder beim Erlernen des Schwimmens erst einmal eine senkrechte Haltung einnehmen – wahrscheinlich eine natürliche Reaktion, um den Kopf über Wasser zu halten. Die Fähigkeit, im Wasser die Bauchlage beizubehalten, ist im Schwimmunterricht ein eigener Schritt. McGraws Interpretationen führen zu der Erkenntnis, daß der Mensch seine Instinkte, nämlich die vom primitiven Gehirnteil kontrollierten Verhaltensweisen, nicht wirklich verloren hat. Dieses Verhalten ist lediglich unterdrückt, kann aber unter gewissen Umständen wieder aufbrechen – zum Beispiel wenn die Hirnrinde durch Unfall oder Krankheit beschädigt wird. Das Verhältnis zwischen primitivem und neuem Gehirn ist grundlegend für das Verständnis menschlichen Verhaltens. Beim Geburtsvorgang beispielsweise kann das Stammhirn nicht entsprechend funktionieren und die notwendigen Hormone ausschütten, wenn der Neokortex die Kontrolle nicht aufgibt. In späteren Kapiteln werden wir sehen, wie Wasser einer Gebärenden helfen kann, jenen besonderen Bewußtseinszustand zu erreichen, der oft als »Reise zu einem anderen Planeten« beschrieben wird.

Sicher werden sich viele Leser fragen, wie McGraw und ihre Mitarbeiter panisches Umsichschlagen von Babys, Schwierigkeiten bei der Atemkontrolle und Wasserschlucken so einfach »beobachten« konnten. Wir gehen davon aus, daß die Studie von Medizinern geleitet wurde, die sehr viel Erfahrung mit Säuglingen hatten und sich der Grenze zwischen Beobachten und notwendigem Eingreifen bewußt waren. Fünfzig Jahre später bleibt anzuerkennen, wie bahnbrechend die Studie für die Wissenschaft war.

Gegenüber: *Kinder gewinnen im Wasser rasch Sicherheit, vor allem, wenn die erste Schwimmlehrerin die eigene Mutter ist.*

Unten: *Dieses zehn Monate alte Baby fühlt sich unter Wasser mit Lauren sichtlich wohl.*

Rachel hat keine Angst davor, untergetaucht zu werden. Ihre Mutter ist bei ihr und führt sie behutsam wieder nach oben.

Gegenüber: *Werden die Kleinen älter, schwimmen sie bereits mit kräftigen Bewegungen gezielt von einer Stelle zur anderen.*

Unser heutiges Wissen über die Koexistenz zweier Gehirnteile, die sich parallel entwickeln, kann neues Licht auf bestimmte Phänomene werfen. Der Plötzliche Kindstod zum Beispiel kommt nur bei der Spezies Mensch vor, meist im Alter von etwa vier Monaten – der kritischen Phase, in der der Neokortex die Regelfunktionen übernimmt, die Mechanismen der Atemkontrolle sich aber noch nicht vollständig eingespielt haben.

2 Wasserbabys und ihre Schwimmlehrer

„Wenn ich Lauren beim Schwimmunterricht zusehe, finde ich alles bestätigt, was Michel Odent in diesem Kapitel schreibt. Sie strahlt Ruhe und Selbstvertrauen aus – wichtige Eigenschaften für einen Lehrer, denn sie übertragen sich auf die Eltern und weiter auf die Kinder. Lauren gibt häufig Kurse für bis zu fünf Babys, die von einem Elternteil oder beiden Eltern begleitet werden. Die Gruppen werden nach Vorerfahrungen eingeteilt: Die meist fünf Wochen alten Neulinge im Wasser kommen in eine Gruppe, ältere Babys (3 bis 18 Monate) mit unterschiedlichen Fähigkeiten in eine andere.

Beim Zusehen fiel mir als erstes auf, daß viele Eltern im Wasser nervös wirkten. Das warme Wasser, seine geringe Tiefe und Laurens behutsamer Zuspruch halfen ihnen jedoch bald, sich zu entspannen und sich in ihrer Umgebung wohlzufühlen.“

Seit McGraws maßgebender Studie haben die Physiologen weitere Erkenntnisse über Reflexe zum Schutz der Atemwege und über den Tauchreflex gewonnen, unter anderem, daß sich beim Tauchen der Herzschlag verlangsamt. Doch in den letzten vier Jahrzehnten kam der wirkliche Durchbruch in der Praxis, nicht in der Theorie: Tausende von Babys auf der ganzen Welt erleben die Freuden der Bewegung im Wasser. Daß unsere Kinder schwimmen können, ist heute dank der engagierten Pionierarbeit von Leuten wie der Kalifornierin Virginia Hunt Newman einer breiten Öffentlichkeit bekannt. Newmans vor 30 Jahren veröffentlichtes Buch *So lernen kleine Kinder schwimmen* ist immer noch ein Klassiker. Newman war auch die Hauptorganisatorin der internationalen Konferenz zum Thema Baby und Wasser, die im September 1993 an der Universität von Kalifornien in Los Angeles stattfand. Schwimmlehrer aus der ganzen Welt nahmen daran teil; besonders interessant war, daß diese Experten aus den verschiedensten Bereichen kamen: Sport, Medizin, Psychologie, Säuglingspflege, Anthropologie …

Ich sah Videos von wenige Monate alten Babys, die mit weit geöffneten Augen im Wasser tauchten. Allen war der Spaß, den sie im Naß hatten, deutlich anzusehen. Auffallend die Gemeinsamkeiten in den Berichten der Schwimmlehrer: Kleinkinder aller Kulturen verhalten sich im Wasser identisch. Auffallend auch die Ähnlichkeit in der Ausdrucksweise aller Schwimmlehrer: Am häufigsten fielen Begriffe wie »Vertrautwerden mit dem Wasser«, »Spaß im Wasser«, »Erforschen des Wassers«, »spielerisch«. Nie kamen Worte vor wie »Schwimmunterricht«, »Absicherung gegen Ertrinken« und andere Ernsthaftigkeiten.

Alle sind sich einig, daß die Mutter die erste Schwimmlehrerin sein sollte, die ihrem Baby hilft, seine bereits vorhandenen Schwimmfähigkeiten zu entwickeln. Wenn sich die Mutter selbst im Wasser nicht wohlfühlt, kommt natürlich auch ein anderer vertrauter Erwachsener dafür in Frage. Die meisten Mütter benötigen den Zuspruch oder sogar die Anleitung eines erfahrenen, spezialisierten Schwimmlehrers. John Bainbridge, Vorsitzender der Sektion Babyschwimmen des amerikanischen Schwimmschulenverbands, hat einige einfache Empfehlungen für Babys bis zu zwei Monaten zusammengestellt. Am besten beginnt die Wassergewöhnung zu Hause in der Badewanne. Das Wasser sollte körperwarm sein (37°). Lassen Sie Ihr Baby mit dem Köpfchen in der Nähe Ihres Herzens ruhen. Falls es unruhig wird, was in dieser Haltung und in diesem Alter selten vorkommt, verändern Sie die Lage, bieten ihm die Brust an und kehren dann zur anfänglichen Haltung zurück. Als nächstes setzen Sie sich auf und strecken Ihr Baby, das Sie mit einer Hand am Kopf und oberen Rückenbereich abstützen, von sich weg. Mit der anderen Hand können Sie Ihr Kind streicheln oder ihm zusätzlichen Halt

Gegenüber und unten: *Den meisten Babys machen die ersten Erfahrungen mit dem Element Wasser in der Badewanne viel Spaß, doch der Übergang zum großen Becken kann zur Mutprobe werden. Hilfe und Anleitung eines Schwimmlehrers erleichtern diesen Schritt, und Eltern und Kind werden die neuen Möglichkeiten bald genießen.*

geben. Einen Schritt weiter gehen Sie, wenn Sie das Kleine in Schlangenlinien durchs Wasser gleiten lassen. Babys lieben das. Wechseln Sie von Zeit zu Zeit die Richtung, so daß Ihr Kind einmal von Ihnen abgekehrt, dann wieder Ihnen zugewandt ist.

Das erste Bad sollte fünf bis zehn Minuten dauern. Dehnen Sie es im Lauf des erstens Monats allmählich auf 30 Minuten aus. Steigen Sie immer aus der Wanne, bevor Ihr Kind unruhig wird. Das Bad kann täglich wiederholt werden. Senken Sie die Wassertemperatur allmählich von 37° auf 32°, damit Ihr Kind gegen Ende des zweiten Monats bereit für das Babybecken ist. Dann kann es mehrmals wöchentlich 20 bis 30 Minuten im Wasser bleiben. Bainbridge gibt dafür folgende Ratschläge:

‘ Wiederholung und Schlüsselwort-Assoziation werden eingesetzt, um den natürlichen Tauchreflex zu unterstützen, mit dessen Hilfe sich ein Baby sicher unter Wasser bewegen kann. Anfangs zeigt Lauren an einer Puppe, wie die Eltern ihr Kind richtig halten, mit der hohlen Hand Wasser schöpfen und es ihrem Baby sanft über das Gesicht fließen lassen, während sie die Signalworte »Achtung … los!« sagen. ’

● Lehnen Sie anfangs Ihr Baby in Rückenlage so gegen sich, daß sein Köpfchen an Ihrer Schulter liegt.
● Nähern Sie Ihre Wange Ihrem Kind und reden oder singen Sie, während Sie im Wasser herumgehen. Die Ohren Ihres Babys müssen unter Wasser sein.
● Nach ein paar Minuten halten Sie Ihr Baby nur noch mit den Händen. Stützen Sie es weniger ab, damit es seinen natürlichen Auftrieb im Wasser spüren kann.
● Wenn Sie das Gefühl haben, Sie könnten jetzt an der Atemkontrolle arbeiten, drehen Sie Ihr Baby auf den Bauch und umfassen es so, daß Ihre Daumen in der Nähe seiner Brustwarzen liegen.

Hier macht Claire, ein Baby aus der Schwimmgruppe, auf Laurens Rücken einen Unterwasserritt.

Oben: *Die Mutter sollte die erste Schwimmlehrerin sein, was aber den Vater und andere vertraute Erwachsene nicht ausschließt. Unabdingbar sind jedoch Anleitung und Ermutigung durch einen erfahrenen Schwimmlehrer.*

Gegenüber: *Babys genießen recht bald ein bißchen Unabhängigkeit – unter Aufsicht.*

‚Wenn die Babys bereit für das erste Taucherlebnis sind, versammeln sich alle in einem großen Kreis. Zuerst einmal taucht Lauren mit jedem Kind, denn auch die selbstsicherste Mutter kann dabei ein wenig ängstlich werden.

Lauren steht in der Mitte des Kreises, hält das Baby dicht am Körper und spricht beruhigend zu ihm, während sie ihm etwas Wasser über das Gesicht fließen läßt. Dann streckt sie das Kleine auf Armeslänge von sich, sagt »Achtung … los!«, und das Baby taucht zum ersten Mal! Es verstreichen zwei bis drei Sekunden, in denen alle Eltern fast hörbar den Atem anhalten, während Lauren das Kind unter Wasser zu ihrer Schulter zieht. Kurzes Lob und freudige Juchzer folgen; sie beruhigen sowohl Eltern als Babys und stärken ihr Vertrauen.

Dann folgen alle übrigen Babys, zum Schluß probieren es die Eltern selbst.‘

- Gehen Sie rückwärts, und wenn Ihr Baby Sie ansieht, beginnen Sie mit dem künftigen Ritual. Sie rufen Ihr Baby zum Beispiel beim Namen und sagen dann: »Achtung … los!« Während Sie »Achtung« sagen, heben Sie Ihr Baby etwas hoch (aber nicht ganz aus dem Wasser heraus) und richten sich auch selbst leicht auf. Wenn Sie »los!« sagen, tauchen Sie mit Ihrem Kopf unter und ziehen Ihr Kind mit sich unter Wasser.
- Achten Sie darauf, daß das Köpfchen Ihres Babys ganz unter Wasser ist (worauf John Bainbridge großen Wert legt), gehen Sie weiter rückwärts, und ziehen Sie langsam Ihr Kind an Ihre Schulter heran. Das Tauchen, immer in Bauchlage, sollte nicht länger als zwei bis drei Sekunden dauern.

Bainbridge erklärt sein Vorgehen wie folgt: Wenn Sie rückwärts gehen, dringt Ihrem Baby weniger leicht Wasser in die Nase. Wenn Sie es hochheben, bekommt sein ganzer Körper das Signal, daß gleich getaucht wird. Wenn Ihr Kopf nach unten geht, ist das ein visuelles Signal, das das Untertauchen ankündigt. Wenn Sie dazu sprechen, fügen Sie noch ein akustisches Signal hinzu. Taucht Ihr Kind mit seinem Kopf nicht völlig unter, dann erhält es widersprüchliche Informationen und atmet vielleicht ein oder schluckt Wasser. In den zwei bis drei Sekunden des Untertauchens hat Ihr Baby ausreichend Gelegenheit, den Atem anzuhalten. Wenn Sie es zu Ihrer Schulter hinziehen, geben Sie die Schulter als Zielpunkt zu erkennen, auf den sich Ihr Kind zubewegen soll. Da Neugeborene durch Assoziation und Wiederholung lernen, ist es wichtig, jedesmal dieselben Signale zu benutzen.

Getaucht werden sollte in einer ganzen Serie, zunächst aber nur ein- bis zweimal. Brechen Sie ab, wenn Ihr Baby Probleme hat oder zu weinen beginnt. Lenken Sie es mit etwas Lustigem ab. Ein paar Minuten später beginnen Sie mit einer neuen

Ständige Wiederholung und Signalwort-Assoziation bereiten ein Baby in den ersten Phasen auf das Untertauchen vor.

Tauchserie. Zwischen jedem Untertauchen sollten Sie 15 Sekunden Pause machen. Verändern Sie die Haltung Ihres Babys nicht. Sobald es seinen Atem gut kontrollieren kann, können Sie die Tauchserien verlängern.

Etwa zwei Drittel seines Wasseraufenthalts sollte Ihr Baby in der Rückenlage verbringen. Wird es unruhig, nehmen Sie es auf den Arm, verändern seine Lage und versuchen es in ein paar Minuten noch einmal. Geben Sie ihm ein Knautschtier in die Hand. Halten Sie Blickkontakt, sprechen Sie viel mit ihm, und bleiben Sie im Wasser immer in Bewegung. Wiederholen Sie den Tauchversuch nicht, wenn Ihr Kind beim Auftauchen schnaubt oder hustet, oder wenn es während des Tauchens allem Anschein nach Wasser schluckt. (Letzteres kommt im Alter von zwei oder drei Monaten selten vor.)

All diese Vorschläge und Empfehlungen gelten für die problemlose, sichere Zeit bis zum Alter von drei bis vier Monaten, in der das Schwimmverhalten des Kindes von primitiven Gehirnteilen gesteuert wird und frühe Reflexe noch vorhanden sind. Nach vier Monaten wird das Verhalten Ihres Babys komplexer, und es lassen sich keine Patentrezepte mehr geben. Hier wird ein erfahrener Schwimmlehrer wichtig, der sich auf jedes Kind einstellen kann.

Viele Schwimmlehrerverbände haben Ratschläge für Kleinkin-

❛ Babyschwimmen bedeutet nicht einfach Untertauchen – Eltern und Kinder werden auch zum Spielen ermuntert. Den Kleinen ist der Spaß anzusehen, den das Erkunden der Schwerelosigkeit im Wasser bereitet: Winzige Ärmchen und Händchen patschen ins Wasser, die Beinchen strampeln lustvoll. Die Schwimmtiere im Wasser stellen außerdem für die Babys gute Zielpunkte dar, auf die sie ihre Augen konzentrieren können. ❜

der unter drei Jahren veröffentlicht. Alles Wesentliche steht in den Richtlinien des amerikanischen Schwimmschulenverbands, an denen sich Eltern, die einen geeigneten Lehrer suchen, orientieren können. Die wichtigsten Punkte:

- »Beim Schwimmunterricht eines Kindes ist die Mitarbeit und Unterweisung der Bezugsperson oder des verantwortlichen Erwachsenen, der das Kind begleitet, erforderlich.«
- »Die Unterrichtsatmosphäre sollte entspannt sein, die Lehrer liebevoll, ein Gefühl der Sicherheit vermittelnd.«
- »Die Lehrer sollten qualifiziert sein, eine Spezialausbildung und Erfahrung im Unterrichten von Babys haben sowie Kenntnisse über die kindliche Entwicklung und über Sicherheitsmaßnahmen im Wasser.«

Andere Punkte betreffen die Wassertemperatur, die Sauberkeit des Wassers, die Badebekleidung und Kinder mit besonderen Krankheiten. Eine letzte Empfehlung bezieht sich auf das Untertauchen in Bauchlage, das sowohl in der Anzahl als auch in der Dauer begrenzt sein sollte. Der Unterricht sollte eine halbe Stunde nicht überschreiten.

Jede Abhandlung über Babyschwimmen wäre unvollständig ohne einen Blick auf die Arbeit des Russen Igor Tjarkovskij. Er wurde bekannt, als westliche Rußland-Besucher wundersame Geschichten erzählten über Schwangere, die mit Delphinen

Einfaches Untertauchen führt bald zu Unterwasserspielen. Die Babys schwimmen zum Beispiel durch Reifen.

Nach einigen Monaten läßt sich bei den Babys eine deutliche Entwicklung erkennen. Ihre Bewegungen sind wesentlich kräftiger, das Paddeln unter Wasser wird gezielter. Nach weiteren Monaten ist der Unterschied im Vergleich zum Anfang erstaunlich. Eltern und Kinder fühlen sich im Wasser zu Hause. Die Babys springen vom Beckenrand ins Wasser und tauchen oft unter, bevor sie strampelnd hochkommen und sich zurück zum Beckenrand arbeiten. Unter Wasser haben sie immer die Augen offen; sie ›schwimmen‹ sozusagen im Glück, wenn sie auf Vater oder Mutter zupaddeln.

Wenn Eltern und Kind so fortfahren, ist es nur eine Frage der Zeit, bis die Babys richtig schwimmen können – lange vor dem empfohlenen Lernbeginn mit fünf Jahren. Da immer wieder Kleinkinder ertrinken, vermittelt Laurens Unterricht auch sicheres Verhalten im Wasser, so daß Eltern und Babys die Gefahren genauso respektieren lernen wie sie die Freuden genießen. Das bedeutet, daß diese Kinder größere Chancen haben werden, sich in Sicherheit zu bringen, falls sie einmal in Schwierigkeiten geraten sollten.

An einer Puppe zeigt Lauren einer Mutter, wie sie ihr Baby an das Wasser gewöhnen kann.

Gemeinsames Schwimmen stärkt das Band zwischen Mutter und Baby, denn dabei wachsen gegenseitiges Vertrauen und Selbstsicherheit.

schwammen und ihre Babys im Schwarzen Meer zur Welt brachten. Tjarkovskij war auch als Pionier von Wasser-Hausgeburten bekannt. Da er weder als Arzt noch in der Geburtshilfe ausgebildet war, war er eine ziemlich mysteriöse Figur, deren Mythos von Journalisten und Reisenden kultiviert und verstärkt wurde.

1989 machte Igor seinen ersten Besuch im Westen. Seine Methoden stellten sich als recht hart heraus, an unseren Verhältnissen gemessen. Bedenkenlos nahm er ein bis zwei Tage alte Babys aus den Armen ihrer Mütter und mutete ihnen sofort langes Untertauchen zu. Die Kinder lernten, kurz nach Luft zu schnappen, wenn er ihnen ab und zu den Hals so drehte, daß Nase und Mund über Wasser waren. Am Ende der Tauchbäder waren die Kleinen erschöpft, sie entleerten ihren Darm und schliefen ein. Es war nicht verwunderlich, daß Igors Methoden als »Tortur« bezeichnet wurden und Londoner Mütter die Teilnahme ihrer Babys verweigerten.

Wie viele legendäre Menschen hat Tjarkovskij nie über seine Arbeit geschrieben oder Berichte gesammelt, so daß seine Leistung schwierig einzuschätzen ist. Bei aller Kritik bleibt zu würdigen, daß er das Bewußtsein von der engen Verbundenheit zwischen Mensch und Wasser gefördert hat.

„Was mich bei diesen Schwimmgruppen am stärksten berührt – abgesehen von der Freude beim Zusehen, wobei man über die Fähigkeiten der Winzlinge nur staunen kann –, ist die spürbare Herzenswärme und Liebe. Neben der offensichtlichen körperlichen und geistigen Förderung der Babys stärken diese Gruppen die Mutter-Kind-Bindung und könnten damit eines Tages einem Kind das Leben retten."

3 Wasserbabys und ihre Eltern

»Das tut meinem Kind einfach gut.« So empfinden viele Mütter, wenn ihr Baby im Wasser plantscht; alle sind glücklich und zufrieden und verlangen nichts weiter. Manche Eltern möchten mehr über die Auswirkungen früher Wasserspiele auf verschiedene Aspekte der kindlichen Entwicklung wissen. Mundpropaganda und der Wunsch, es anderen Eltern gleichzutun, haben in vielen Ländern zur Einrichtung von Schwimmkursen geführt. Häufig wird mit messianischem Eifer der große Segen frühen Schwimmens gepredigt, das Baby sei gesünder, intelligenter, selbständiger und was nicht noch alles …

Doch solche Aussagen sind manchen Eltern, vor allem Vätern, nicht hieb- und stichfest genug. Sie möchten über systematische Forschungen und die zu erwartende Wirkung informiert werden. Diesen Eltern wollen wir die Ergebnisse von Studien wie jener von Liselott Diem aus Köln nicht vorenthalten. Bei der Studie wurden 165 Kinder über einen Zeitraum von zwei Jahren beobachtet. Die Kleinen wurden in sechs Gruppen eingeteilt, je nachdem, wann sie zu schwimmen begonnen hatten (im dritten Monat; mit 2–4 Jahren; überhaupt nicht) und ob sie an irgendeiner Form von Kinderturnen teilgenommen hatten (mit 3–6 Jahren; überhaupt nicht). Die Kontrollgruppe bestand aus

Rechts: *Lucia und Lucas genießen das Mehr an Nähe, das sie beim gemeinsamen Schwimmen erleben.*

Gegenüber: *Wasser ist ein natürliches Element für Babys, die schon früh schwimmen dürfen.*

Rechts und gegenüber: *Viele Eltern entdecken, daß Babyschwimmkurse nicht nur ihre Kinder fördern, sondern auch ihr eigenes Wohlbefinden. Verschiedene Studien haben gezeigt, daß Säuglinge, die sich regelmäßig im Wasser bewegen, in ihrer körperlichen Entwicklung, ihrer Ausdauer und ihren Lernfähigkeiten den Gleichaltrigen häufig voraus sind – umso weiter, je früher sie damit beginnen.*

Kindern, die weder schwammen noch turnten. Jede Gruppe wurde zu Beginn der Studie auf ihre motorische Entwicklung hin untersucht (Gleichgewichthalten, Laufen, Weitsprung, Trampolinspringen usw.). Im Rahmen der Studie wurden ebenfalls Geschicklichkeit und Art der Durchführung getestet sowie das Sozialverhalten; auch eine Persönlichkeitsdiagnose wurde erstellt. Beide Eltern gaben über ihre Erziehungsmethoden Auskunft, über ihre erzieherischen Ziele und Erwartungen und ihre Zufriedenheit mit der Elternrolle. Mutter-Kind-Interaktionen wurden in bestimmten Situationen beobachtet und analysiert.

Diese Untersuchungen wurden zu drei Zeitpunkten durchgeführt, jeweils mit denselben Methoden und Versuchsleitern, und lieferten eine große Masse von Daten, die statistisch ausgewertet wurden. Über 70 Videobänder wurden aufgenommen und von unabhängigen Bewertern eingesehen. Das Ergebnis: Die »Schwimmkinder« waren ihren Altersgenossen in sämtlichen Testbereichen voraus. Alle Kinder, die vom dritten Lebensmonat an am Babyschwimmen teilgenommen hatten, schnitten besonders gut ab. Was die Intelligenz betraf: Die frühen Schwimmer erzielten bei den verschiedenen Tests durchwegs eine höhere Punktzahl. Im Sozialverhalten schienen die Schwimmkinder eher bereit, Kontakte zu knüpfen, und konnten sich in einer Gruppe Gleichaltriger besser einfügen. Sie waren selbständiger, weniger schüchtern und kamen mit neuen, unbekannten Situationen eher zurecht.

Die finnische Studie von Numminem Pirko, die in Jyväskylä im Fachbereich Körpererziehung durchgeführt wurde, konzentrierte sich mehr auf die motorische Entwicklung von Kindern, die über neun Monate hinweg beobachtet wurden. Die Babys, die an der Studie teilnahmen, wurden willkürlich in eine Kontrollgruppe eingeteilt, in der nicht geschwommen wurde, und in eine Experimentgruppe mit Schwimmprogramm zweimal die Woche. Die Kinder der Experimentgruppe schnitten besser ab,

› Die Erfahrungen von Lorraine und ihren drei Töchtern zeigen deutlich, wie positiv sich frühes Schwimmen auswirkt.

Mit 19 bekam Lorraine ihr erstes Baby, Sarah. Als sie sechs Monate alt war, ging Lorraine mit ihr alle zwei Wochen zum Schwimmen und rüstete Sarah dabei mit Schwimmflügeln oder Schwimmreifen aus. Doch Sarah biß stets Löcher hinein, und Lorraine mußte häufig neue kaufen.

Ihre zweite Tochter Claire durfte ab vier Monaten ins Wasser, wieder mit Schwimmhilfen. Da las Lorraine in einer Zeitschrift über die Methode, Babys ohne Schwimmhilfen das Schwimmen beizubringen. Mit zehn Monaten begann Claire relativ spät in einer Gruppe, erwies sich aber von Anfang an als Naturtalent, ließ sich gern auf den Bauch drehen und tauchte oft bis zum Boden des Beckens hinunter. Mit 15 Monaten konnte sie ins Wasser springen, untertauchen, wenden und durch das Wasser paddeln. Wenn sie unter Wasser Hilfe brauchte, schüttelte sie einfach kräftig den Kopf hin und her.

Das Ungewöhnliche an Claire war, daß sie, obwohl sie relativ spät mit dem Tauchen anfing, noch einen starken natürlichen Tauchreflex hatte, der eindeutig instinktiv und nicht erlernt war. ‹

‹ Lorraines dritte Tochter Rachel ging schon mit acht Wochen zum Schwimmen. Dabei tauchte sie auch zum ersten Mal unter und schien sich sehr wohl dabei zu fühlen. Am meisten genoß sie es, auf dem Rücken zu liegen und den Geräuschen in ihrer Umgebung zu lauschen. Mit sieben Monaten wurde sie mit zwei anderen Babys für Werbeaufnahmen ausgewählt. Vor dem Filmen wurde sie gründlich von einem Arzt untersucht, der sich von ihrem Herzschlag beeindruckt zeigte, weil er für ein Baby ihres Alters so langsam und kräftig war. Rachel eroberte auch gleich die Sympathien des Kameramanns, weil sie im Wasser so ruhig und zufrieden war.

Lorraine glaubt, daß das gemeinsame Schwimmen in ihrer Familie größere Nähe geschaffen hat. Sogar das Baden war von Anfang an etwas Besonderes. ›Während die meisten Familien um den Tisch herumsitzen, um sich zu unterhalten, springt bei uns die ganze Familie in die Badewanne.‹ Im Schwimmbad flitzen die Kleinen wie Fische durch das Wasser, von winzigen Bläschen umgeben, und ihre glückliche Aufregung spiegelt sich auf ihren Gesichtern und am ganzen Körper wider. ›

Gegenüber und unten: *Babys lieben ihre Schwimmstunde bei Lauren. Sie macht ihnen soviel Spaß, daß sie kaum genug kriegen können.*

‘ Ben ging mit sechs Wochen in eine Anfänger-Schwimmgruppe, in der den Babys eine Reihe von Signalen eingeprägt wurden: ›Achtung ... Platsch!‹, während wir unsere Kleinen vom Beckenrand hoben und mit einem Platscher ins Wasser zogen, und ›Achtung ... los!‹, mit fester Stimme zu sagen, während wir behutsam Wasser über Köpfchen und Gesicht unserer Kinder fließen ließen. Darauf folgten einige Haltepositionen mit dem Kommando ›Strampel, strampel, strampel‹, was für Ben zunächst gar nichts bedeutete. Wenn er tatsächlich strampelte, war das reiner Zufall! Doch Lauren forderte uns auf, die Signalworte auch beim Baden zu benutzen und unsere Babys jeden Tag das ›Strampeln‹ zu lehren.

Der zweite Kernpunkt beim Babyschwimmen war, wie Lauren betonte, nicht darauf hinzuarbeiten, Olympiaschwimmer für stolze Mütter heranzuzüchten. Ziel war vielmehr, daß die Kinder die Natur des Wassers begreifen und respektieren lernten und sich retten könnten, wenn sie einmal hineinfielen. Dazu muß ihr natürlicher Reflex, den Atem anzuhalten, stimuliert werden, am besten, bevor sie ihn verlieren. Und man darf ihnen erst gar keine Gelegenheit geben, Angst vor dem Wasser zu bekommen. ’

als der Bewegungsspielraum der Gelenke gemessen wurde. Sie konnten sowohl beim Sitzen als auch beim abgestützten Stehen ihre aufrechte Haltung besser kontrollieren als die Babys der Kontrollgruppe. Die Beweglichkeit in der Horizontalen jedoch war schlechter entwickelt; als die Kinder das Krabbelalter erreicht hatten, waren keine Unterschiede zwischen den beiden Gruppen zu beobachten. Die Babys der Experimentgruppe schnitten immer dann besser ab, wenn Muskelkraft gefordert war. Interessanterweise begannen weder die Kinder der kleinen finnischen Studie noch die der zuvor erwähnten groß angelegten deutschen Studie vor dem dritten Monat mit dem Schwimmen. Wie schon im 1. Kapitel von McGraw festgestellt, ist das ein später Zeitpunkt, nämlich bereits das Ende der Phase, in der die archaischen Instinkte ein problemloses Untertauchen ermög-

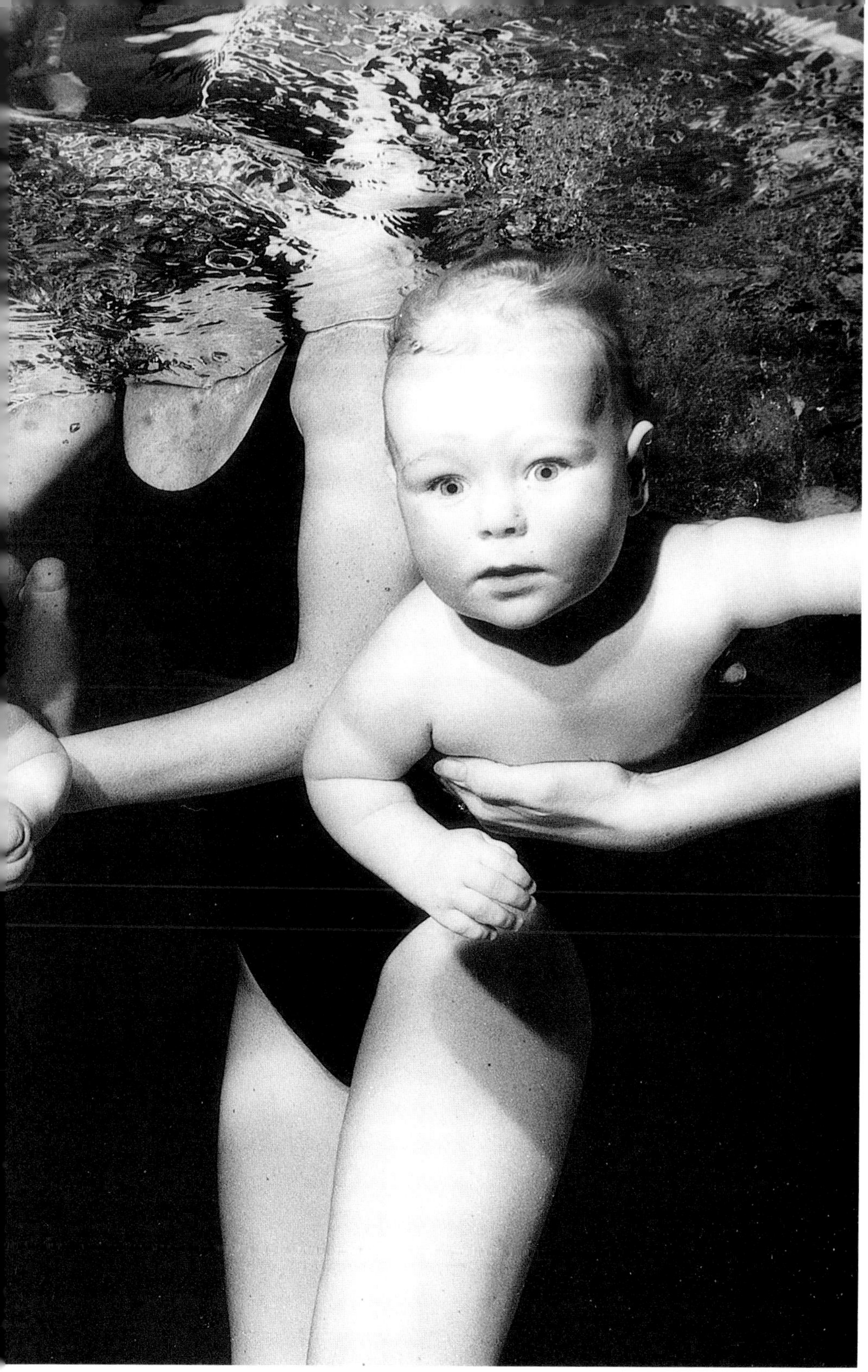

Bei der zweiten und dritten Schwimmstunde ging es schon ans Untertauchen. Dabei mußte ich lernen, Ben sanft von Lauren entgegenzunehmen, zu vermeiden, daß er in Panik geriet, und seine Ängste zu zerstreuen. Beim ersten Tauchversuch war er eindeutig überrascht und prustete ein wenig, aber nie weinte er oder wirkte ängstlich.

Der Unterschied in seinem Verhalten nach diesen drei Stunden war bemerkenswert. Er schien jetzt zu wissen, was ›strampeln‹ bedeutete, wenn er auf meinen Händen in der Bauchlage durch das Wasser glitt, während ich rückwärts ging. Auch unter Wasser benahm er sich nun ganz anders. In diesen wenigen Sekunden machte er sich nicht mehr steif; ich spürte, wie sich sein kleiner Körper entspannte. Er paddelte wie wild und strampelte kräftig, mit weit geöffneten Augen; so arbeitete er sich zur Oberfläche – voller Selbstvertrauen, möchte man fast meinen.

Im Moment ist Ben erst zehn Wochen alt, hat aber – nach insgesamt acht Schwimmstunden – in der Koordination seiner Bewegungen und in seinem Selbstvertrauen solche Fortschritte gemacht, daß ich wirklich nur staunen kann. Das Rezept war vermutlich: ›kurz, aber oft‹, dazu die immer gleichen Signalwörter, die langsam Wirkung zeigen. Nach dem Schwimmen schläft er wunderbar; er wirkt sehr kräftig und lernbegierig. Da er jetzt nicht mehr nur lächelt, sondern auch gluckst, wird sein Vergnügen am Wasser immer offenkundiger.

lichen. Es wäre aufschlußreich, Kinder, die ihre Schwimmfähigkeit von Geburt an ausbilden, mit »Spätschwimmern« zu vergleichen, die erst im Alter von drei Monaten damit beginnen.

Es muß betont werden, daß sich diese Studien zum Ziel gesetzt hatten, die möglichen positiven Auswirkungen frühen Schwimmens zu erforschen; sie haben auf viele Fragen zur kindlichen Gesamtentwicklung eine Antwort gefunden und regen zu weiteren Forschungen auf diesem Gebiet an, das wir erst zu verstehen beginnen. Keine der Studien wurde von Ärzten geleitet; Frau Professor Liselott Diem ist eine Kapazität im Bereich der Sportpädagogik, Numminem Pirkko hat an der Universität von Jyväskylä in Sportwissenschaften promoviert und besitzt daneben einen Juraabschluß.

Und was halten die Mediziner davon?

4 Was sagen die Mediziner?

Gegenüber: *Die Rolle des Schwimmlehrers wird wichtiger, wenn das Kind behindert ist, da die Eltern in diesem Fall mehr individuelle Beratung benötigen. Es hat sich herausgestellt, daß behinderte Babys vom frühen Schwimmen nur profitieren können. Schwimmen fördert ihre psychomotorische Entwicklung und stärkt die Bindung zwischen Eltern und Kind.*

Es gibt zwei Sorten von Ärzten: Solche, die Erfahrung mit »Wasserbabys« haben, und solche, die keine haben. Die Finnin Dr. Ilona Autti-Rämö aus Kaunianinen ist praktizierende Ärztin und Baby-Schwimmlehrerin. Sie hat sich zum Ziel gesetzt, den Nutzen von Wasseraktivitäten für Säuglinge und behinderte Kinder zu erforschen. Aufgrund ihrer Erfahrungen teilt sie die behinderten Babys in drei Gruppen ein: In die erste Gruppe nimmt sie alle auf, die im Wasser dasselbe lernen können wie gesunde Kinder, nur langsamer (bei Down Syndrom, Blindheit, Spina bifida, Muskelerkrankungen, mangelhafter Knochenbildung, Anomalien der Extremitäten, verzögerter motorischer Entwicklung). Die Babys der zweiten Gruppe dürfen nicht tauchen, können aber sonst nach denselben Methoden unterrichtet werden wie gesunde (bei Herzerkrankungen und Herz-Anomalien, Hydrozephalus usw.). In der dritten Gruppe sind alle Babys, die schwimmen dürfen, wenn ein Physiotherapeut den Eltern regelmäßig zeigen kann, wie sie auf die individuellen Bedürfnisse ihres Kindes im Wasser eingehen müssen (bei Gehirnlähmung, verschiedenen Formen der Hypotonie usw.). Dr. Autti-Rämö liegt sehr daran, vor Beginn des Babyschwimmens immer die Zustimmung des Hausarztes einzuholen.

Grundsätzlich empfiehlt Dr. Autti-Rämö, daß man sich immer auf die Fähigkeiten, nicht auf die Behinderungen eines Kindes konzentrieren sollte. Sie zieht »integrierte Schwimmgruppen« mit gesunden und behinderten Kindern vor.

Es hat sich deutlich gezeigt, daß bei behinderten Kindern die psychomotorische Entwicklung wichtige Anstöße bekommen kann und die Eltern-Kind-Bindung stark gefördert wird, wenn die Kleinen ab dem frühen Säuglingsalter mit dem Schwimmen beginnen. Dr. Autti-Rämö kommt zu dem Schluß, daß die Kinder vom Babyschwimmen nur profitieren können.

Anders die Ärzte, die keine Erfahrung mit schwimmenden Babys haben – und das ist die große Mehrheit. Sie neigen dazu, die belegten positiven Auswirkungen zu ignorieren und das Phänomen ausschließlich unter dem Gesichtspunkt der Risiken abzuhandeln. Typisch dafür ist die Stellungnahme, die von der amerikanischen Akademie der Kinderärzte veröffentlicht wurde. Der einleitende Abschnitt befaßt sich mit Krankheiten: »Übertragung von Lambliase« und »Wassertoxikose mit Anfällen«. Die erste Empfehlung besteht aus einer Warnung: »Eltern, die ein Kind zu einem Wassergewöhnungs-Programm anmelden, sollten die Risiken kennen und akzeptieren.« Die nächsten vier Empfehlungen drehen sich darum, »wie die Risiken zu verringern sind«. Die letzte Empfehlung lautet: »Untersuchungen über die Höhe der Risiken bei Wassergewöhnungs-Programmen für Säuglinge sollten so bald wie möglich durchgeführt werden.« In der Medizin ist es auf jedem anderen Gebiet üblich, Risiken

und Nutzen vergleichend abzuwägen ... scheinbar aber nicht, wenn Wasser im Spiel ist.

Der kalifornische Ärzteverband hat das Informationsblatt für Allgemein- und Hausärzte »Risiken von Kleinkinder-Schwimmprogrammen« herausgegeben. Das Blatt, das den Ärzten helfen soll, Fragen zum Babyschwimmen zu beantworten, ist allerdings nichts weiter als ein Katalog möglicher Schrecken bis hin zur Gefahr plötzlichen Todes. Wie aber sehen die Tatsachen aus?

Lambliase ist eine harmlose Erkrankung, die von einem Einzeller im Dünndarm hervorgerufen wird. Sie kommt auf der ganzen Welt vor, besonders bei Kindern, und wird meist durch die Nahrung übertragen. Die Hauptsymptome sind Durchfall, Bauchweh und lockerer, heller Stuhl. In den letzten Jahren hat es einen einzigen Bericht über eine solche Infektion in einer Schwimmgruppe gegeben, der 1984 im *American Journal of Public Health* veröffentlicht wurde.

Wassertoxikose ist ein gut erforschtes Phänomen. Ursache ist die Aufnahme übermäßiger Mengen Wasser, möglicherweise als Ergebnis falscher Ernährungspraktiken, zuviel Wasserzufuhr bei fiebrigen Erkrankungen oder Einläufen mit Leitungswasser. Bei Wassertoxikose kann sich der Natriumspiegel im Blut dramatisch verringern. Zu den Symptomen gehören Unruhe, Schwäche, Übergeben, Ausscheiden von zuviel oder zuwenig Urin, Muskelzuckungen und Anfälle. Die Behandlung besteht aus der Einnahme von Salz und wenig Trinken. Ein Bericht über Wassertoxikose durch Schwimmen erschien 1982 im *Journal of Pediatrics*, zwei Berichte 1982 und 1983 in *Pedriatrics*. In allen Fällen waren die Kinder älter als vier Monate, und die Toxikose trat als Folge offensichtlicher Fehler auf. In dem Fall von 1983 zum Beispiel hatte das elf Monate alte Mädchen einen 60minütigen Schwimm-

Oben: *Zac, ein Junge mit Gehirnlähmung, genießt offensichtlich die Freiheit, die das Wasser ihm schenkt. Viele Ärzte, die wenig oder keine Erfahrung mit Babyschwimmen haben, befürchten, daß die Eltern ihre Kinder dabei dem Risiko einer durch das Wasser übertragenen Infektion aussetzen. Tatsächlich sind solche Infektionen jedoch sehr selten.*

Links: *Ein junges Mädchen taucht nach unten und holt einen Reifen hoch.*

Oben: *Zwei Mädchen tauchen mit Hilfestellung bei den ›Kensington Emperors‹, einem Schwimmverein für Kinder und Erwachsene mit Behinderungen unterschiedlichen Grads und verschiedenen schwimmerischen Fähigkeiten.*

Gegenüber: *Ein energiesprühender gesunder Junge, der am Babyschwimmen teilgenommen hat, seit er nur wenige Monate alt war, zeigt für seine elf Monate erstaunliche Schwimmkünste. Viele seiner Altersgenossen dagegen haben womöglich noch nie ein Schwimmbad besucht.*

unterricht. Man kann sich kaum vorstellen, daß derartige Vorfälle unter der Leitung eines erfahrenen, auf Babys spezialisierten Schwimmlehrers passieren könnten.

Mittelohrentzündung ist für manche Ärzte ebenfalls ein Anlaß zur Sorge. Ist das Trommelfell jedoch intakt, gibt es keinen Grund, warum durch Untertauchen eine Infektion auftreten sollte. Aber was ist mit den Kindern, in deren Trommelfell ein Drainageröhrchen zum Abfluß von Flüssigkeit aus dem Mittelohr eingesetzt wurde? Alle Studien, die Schwimmer und Nichtschwimmer mit Drainageröhrchen verglichen, stellten fest, daß der einzige Unterschied zwischen den beiden Gruppen darin besteht, daß das Infektionsrisiko bei den Schwimmern niedriger ist. Ebenfalls festgestellt wurde, daß Ohrstöpsel keinen Schutz vor Infektionen bieten. Dr. D. F. Chapman, der 1980 die erste dieser Studien durchführte, schrieb, daß ein Schwimmverbot für Kinder mit Röhrchen »nur Frustrationen erzeugt, den Erwerb einer lebensrettenden Fähigkeit verzögert und sich durch keine veröffentlichten Befunde begründen läßt«. 1992 schrieb ein Arzt der Königlichen Hals-Nasen-Ohrenklinik in London im *British Medical Journal*, daß »diese Feststellung nach zwölf Jahren und zahlreichen weiteren Studien immer noch gilt«. Zum Glück wollen nicht alle Ärzte den Babys ihren Spaß verderben.

5 | Schwangerschaft

❛ In der Schwangerschaft fühlte ich mich besonders stark zum Wasser hingezogen. Sobald ich ins Schwimmbecken stieg, entspannte ich mich und genoß das Wasser auf meiner Haut; mein Körper verlor endlich seine niederdrückende Schwere. Meine Atmung wurde regelmäßig, und ich aalte mich beim Schwimmen im Wasser und wußte, daß ich auch von den Babys, die ich in mir trug, den Druck der Schwerkraft nahm. ❜

In der Gebärmutter schwimmt das Ungeborene in einer klaren, wäßrigen Flüssigkeit, die sehr ähnlich wie Meerwasser zusammengesetzt ist.

Ungeborene sind »Wasserbabys«, die zuletzt in etwa einem Liter klarer, wäßriger Flüssigkeit schwimmen. Dieses Fruchtwasser schützt das Baby wie ein Puffer vor Verletzungen, hilft, die Körpertemperatur zu halten, und ermöglicht freie Bewegung. In ihm findet der Hormon- und Elektrolyt-Austausch statt, und es fängt die Ausscheidungen des Babys auf. Die Zusammensetzung ist im Grunde dieselbe wie die des mütterlichen Plasmas und ähnelt stark der des Meerwassers. Fruchtwasser wird vom Amnion gebildet, der inneren Schicht der Fruchtblase, und vom Urin des Babys ergänzt. Das Fruchtwasser erneuert sich unglaublich rasch: Stündlich wird ein Drittel davon ersetzt.

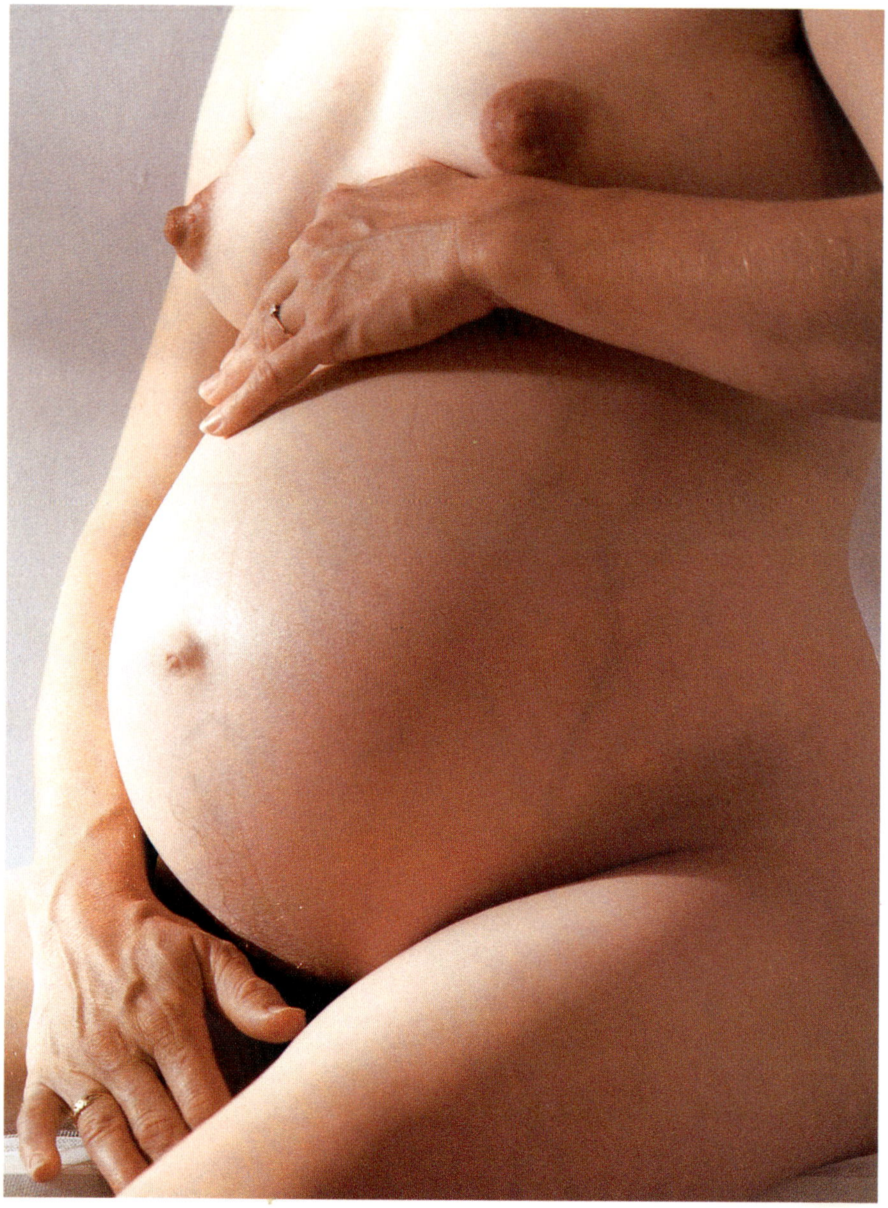

Die Körpersysteme des Menschen reifen vor allem, solange er noch ein reines Wasserwesen ist. Mit anderen Worten: In dieser Lebensphase wird der Grundstein für unsere künftige Gesundheit gelegt. Schon allein deshalb sollte das Wohlbefinden schwangerer Frauen im Mittelpunkt der öffentlichen Gesundheitsfürsorge stehen. Wir wissen heute, daß eine Schwangere, deren Wohlbefinden beeinträchtigt ist, weil sie zum Beispiel unter der Dominanz ihres Mannes leidet und ihren Alltag nicht selbst bestimmen kann, mehr Streßhormone produziert, vor allem Cortisol, das in der Nebennierenrinde gebildet wird. Cortisol hemmt das fötale Wachstum. Natürlich besitzt die Plazenta die Fähigkeit, das Baby vor zuviel Cortisol zu schützen, aber dieses Filtersystem hat seine Grenzen.

In anderen Gesellschaften sorgt die Großfamilie, bei der Großeltern, Eltern und Kinder in enger Nachbarschaft leben, für den Schutz und das Wohlbefinden einer Schwangeren. Bei uns ist zumeist nur noch die Kernfamilie übriggeblieben – Vater, Mutter, Kind, die oft weit entfernt von anderen Verwandten leben. Aufgrund dieses einschneidenden gesellschaftlichen Wandels genießen Schwangere nicht mehr den Schutz der Gemeinschaft und müssen sich mehr oder weniger allein in ihre neue Situation hineinfinden. Aber selbst wenn die Mutter der Schwangeren ihre Hilfe anbieten kann, können Probleme entstehen, weil die beiden Frauen möglicherweise sehr unterschiedliche Vorstellungen haben. Wir denken heute über Schwangerschaft und Geburt ganz anders als vor zwanzig oder vielleicht sogar noch vor zehn Jahren.

Aus all diesen Gründen entstand weltweit ein plötzliches Bedürfnis nach »Geburtsvorbereitung«. Auf die Geburt vorbereiten kann am besten jemand, der die wirklichen Bedürfnisse der Schwangeren heute versteht – eine medizinische Ausbildung ist dazu nicht unbedingt nötig. Geburtsvorbereiterinnen wissen, daß viele junge Frauen in unserer Gesellschaft noch nie ein Neugeborenes gesehen haben, und organisieren daher Treffen, wo Schwangere und Mütter mit Babys einander begegnen und sich austauschen können. Das Gemeinschaftsgefühl läßt sich durch gemeinsames Tun stärken, zum Beispiel durch Singen – unsere Singnachmittage in Pithiviers waren unglaublich beliebt.

Die Begegnung beim Schwimmen ist eine weitere Möglichkeit, sich bei einer Gruppe Unterstützung zu holen. Ich werde nie den Abend bei Cookie Herkins in einem Schwimmbad bei Melbourne vergessen. Dort sah ich glückliche Babys, die erst ein paar Tage oder Wochen alt waren, mit ihren Müttern im Wasser plantschen. Ich sah auch schwangere Frauen, die im Wasser herumgingen, schwammen, verschiedene Übungen machten oder sich mit ihrem Partner im Wasser treibend entspannten. Alle kannten einander und schwatzten und plauderten, als sie aus dem Wasserbecken kamen. Ich spürte hier dasselbe wie nach

Schwimmen tut Schwangeren gut und birgt keinerlei Risiken. Im späteren Stadium der Schwangerschaft ist es besonders angenehm, wenn das Wasser das Gewicht mit tragen hilft.

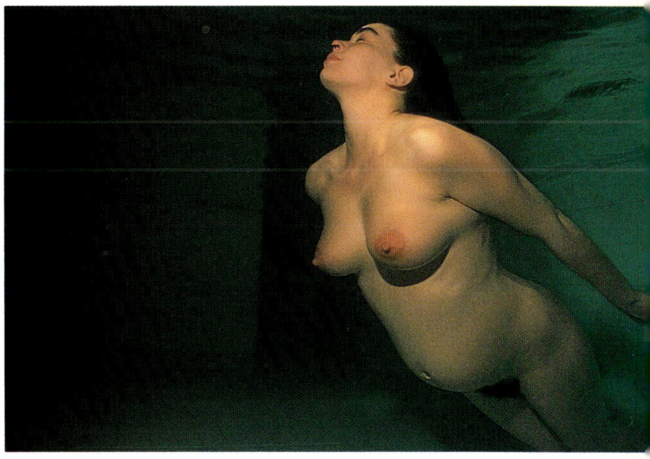

Gegenüber: *Viele Paare in Oostende, die ein Kind erwarten, nehmen an den geburtsvorbereitenden Kursen im Wasser teil, die von der Gruppe »Aquarius« geleitet werden. In diesen Gruppen fällt es leicht, sich vom Alltagsstreß zu erholen, und die Frauen stärken ihren Körper für die Geburt.*

Unten: *Die heilenden Eigenschaften von Wasser sind seit langem bekannt. Einfach schon die Nähe von Wasser kann viel Anspannung von werdenden Müttern nehmen.*

unserer Singrunde in Pithiviers: das starke Gemeinschaftsgefühl und die fröhliche Stimmung.

Es gibt viele Cookie Herkins auf der Welt, Menschen, die sich um die Bedürfnisse von Schwangeren kümmern und etwas für ihr Wohlbefinden tun. Sie leisten mehr für die Gesundheit der nächsten Generation als alle anderen im Gesundheitsbereich.

Wenig hilfreich ist es, Schwangeren vorzuschreiben, was sie im Wasser tun sollen. Es gibt Frauen, die nicht schwimmen können, sich aber in der Schwangerschaft zum Wasser hingezogen fühlen. Ihnen macht es Spaß, nur herumzuwaten und ein paar einfache Übungen zu machen. Andere sind geübte Schwimmerinnen, die gern mehrere Bahnen ziehen. Wie auch immer, Schwimmen ist wahrscheinlich der einzige Sport, den Schwangere bis zum

❛ An den Wochenenden nahm ich an der Geburtsvorbereitung im Wasser teil. Ich habe das sehr genossen, weil ich mich dort entspannen konnte; gleichzeitig verbesserte sich meine Kondition, und ich blieb beweglich. Einmal in der Woche ging ich auch in Yoga für Schwangere, was mir besonders beim Entspannen und bewußten Atmen half.

Damals litt ich an schweren Herzrhythmusstörungen, die ich mit Hilfe dieser Gruppen in den Griff bekam, bis sie schließlich ganz aufhörten.

Ich praktizierte Yoga bis zum Geburtstermin, aber weil ich Zwillinge bekam, war ich extrem schwer und fand die Übungen immer mühsamer. Beim Schwimmen dagegen hatte ich überhaupt keine Schwierigkeiten. ❜

Geburtstermin ausüben können. Die britische Meisterin Sharron Davies schwamm an dem Tag, als ihr Baby geboren werden sollte, über zwei Kilometer!

Wenn wir von Schwangerentreffen im Wasser hören, denken wir meist an das nächstgelegene öffentliche Schwimmbad. Vor der Bäder-Ära wäre natürlich an Geburtsvorbereitung im Wasser nicht zu denken gewesen. Manche Frauen jedoch finden den Gedanken an ein Schwimmbad mit seinen kalten Kacheln keineswegs anziehend. Das paßt so gar nicht zu ihrem Traum von einer natürlichen Umgebung, einem Fluß, einem See oder einer tropischen Lagune. In der Schwangerschaft spielt die Phantasie eine große Rolle; die Nüchternheit der Umgebung tritt in den Hintergrund, wenn wir an schöne Orte und entspannende Erfahrungen denken. Nur wenige Schwangere haben das Glück, mit Delphinen schwimmen zu können, diejenigen, die es aber tun, inspirieren alle, die nur davon träumen können.

Schwangere auf der ganzen Welt sind fasziniert von Delphinen und ihrer Fähigkeit, das Ungeborene im Mutterleib wahrzunehmen. Man schreibt diese Fähigkeit dem Echo-Ortungssystem

der Delphine zu. Ultraschall-Experten halten das für nicht ganz unwahrscheinlich, obwohl die Frequenzen der Delphine im Bereich von einigen 10 000 Hertz liegen, während der medizinisch eingesetzte Ultraschall mit Megahertz (Millionen von Hertz) arbeitet. Die Träume und Phantasien, die von solchen Berichten ausgelöst werden, fördern das psychische Gleichgewicht einer Schwangeren wahrscheinlich genauso wie der Anblick ihres Ungeborenen auf dem Ultraschall-Monitor des Gynäkologen. Frauen und Delphine sind in der Phantasie des Menschen seit jeher eng verbunden, zum Beispiel in Shakespeares *Sommernachtstraum*:

»Wie ich einst saß auf einem Vorgebirge,
Und eine Sirene, die ein Delphin trug,
So süße Harmonien hauchen hörte …«

Zahlreiche moderne Statistiken bestätigen den Einfluß des psychischen Befindens Schwangerer auf die Entwicklung ihres Babys. Zwei finnische Psychiater gingen der Geschichte von 167 Kindern nach, deren Väter im Zweiten Weltkrieg starben, bevor

Ein Paar, das ein Kind erwartet, macht gemeinsam Übungen im Wasser. Diese Übungen enthalten Yoga-Elemente, die die Atemkontrolle fördern, den Körper allgemein kräftigen und die Frau damit auf die Geburt vorbereiten.

Da ich bisher Yoga und Schwimmen getrennt ausgeübt hatte, war ich besonders interessiert, als ich auf einer Photoreise im März 1994 in Oostende eine Geburtsvorbereitungsgruppe entdeckte, die Yoga und Schwimmen miteinander verband. Die Gruppe, die sich ›Aquarius‹ nennt, wird von Isabelle Gabriels und Yves de Smedt geleitet. Isabelle hatte in ihrer Schwangerschaft Yoga praktiziert, kam aber nach einer Begegnung mit Dr. Ponette, der sich am H.-Serruys-Hospital auf Wassergeburten spezialisiert hatte, zu der Überzeugung, die Möglichkeiten von Yoga noch nicht voll ausgeschöpft zu haben. Durch ihren Yoga-Lehrer erfuhr sie von René Depelseneer, der Yoga im Wasser unterrichtete. Isabelle fuhr regelmäßig mit Yves nach Brüssel, um an seinen Gruppen teilzunehmen, bevor sie schließlich ihren Sohn Ilja zur Welt brachte, im Wasser, unter Aufsicht von Dr. Ponette.

Man könnte sagen, daß Iljas Geburt die Aquarius-Gruppe ins Leben rief, denn nicht lange nach seiner Ankunft ließ sich Isabelle in den Techniken Depelseneers ausbilden und lernte auch, wie man Babys im Schwimmen unterrichtet. Sie hatte vor, in Oostende beides zu verbinden, so daß die Paare in der Schwangerschaft und bei der Geburt die Wohltaten des Wassers erleben können und anschließend die Freude, gemeinsam mit ihren Kindern zu schwimmen.

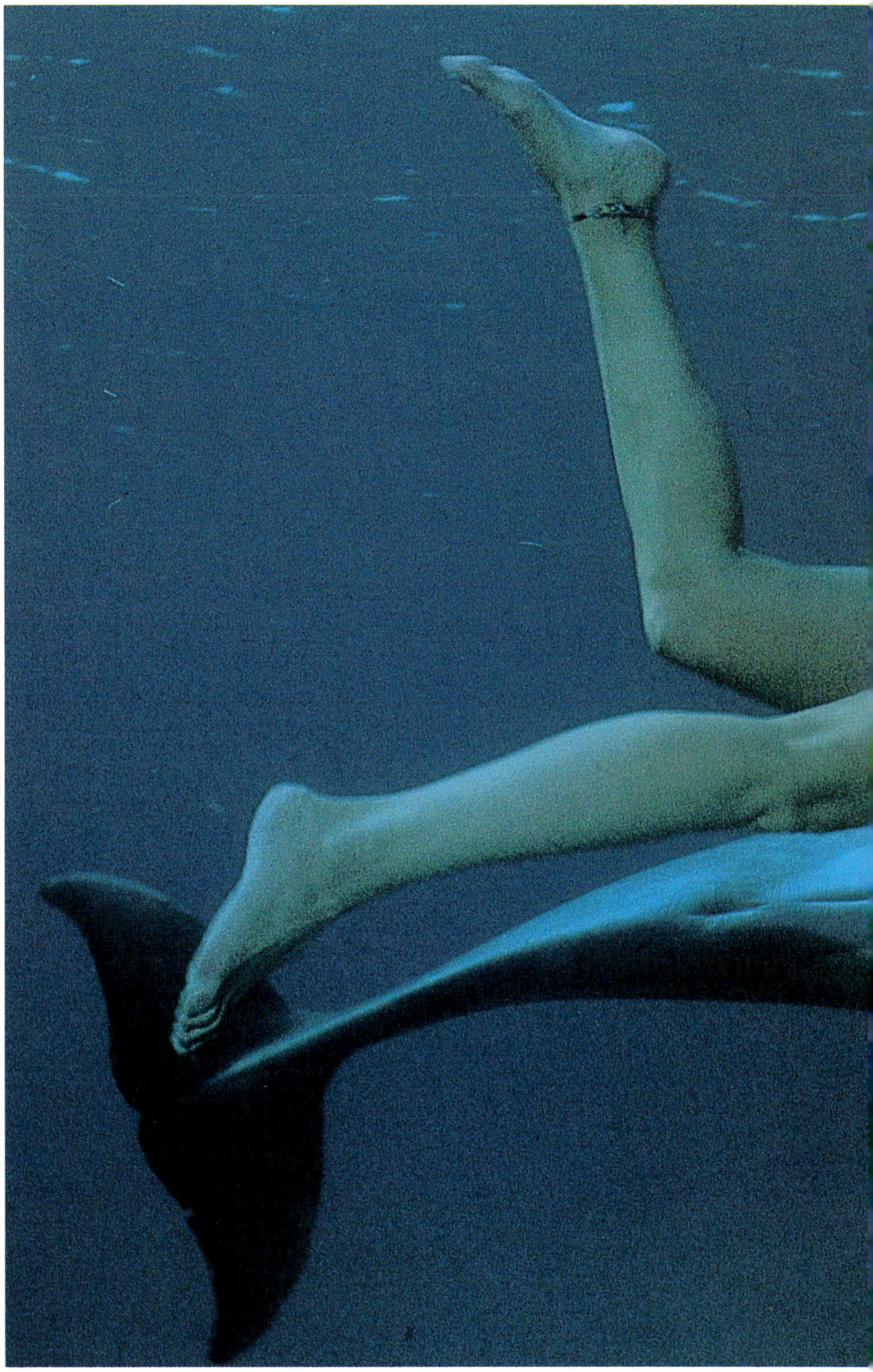

sie geboren wurden, und verglichen sie mit 168 Kindern, deren Väter im ersten Jahr nach der Geburt starben. Die Kinder wurden über 35 Jahre hinweg beobachtet. Eine hohe Anfälligkeit für Geisteskrankheiten, Alkoholismus oder Kriminalität bestand nur bei denjenigen, die zur Zeit des Verlusts noch im Mutterleib waren. Diese Studie legt den Schluß nahe, daß die psychische Verfassung der Schwangeren langfristig eine größere Wirkung auf ihr Baby hat, als die Verfassung der Mutter gleich nach der Geburt.

Einem Baby, dessen Geburtsgewicht im Vergleich zum Gewicht seiner Plazenta gering ist, droht 50 oder 60 Jahre später eine Herzerkrankung. Ein Baby mit geringem Bauchumfang (ein

Indiz für Wachstumshemmungen im letzten Drittel der Schwangerschaft, wenn sich die Leber rasant entwickeln soll) ist als Erwachsener eher dem Risiko eines erhöhten Cholesterinspiegels ausgesetzt. In Großbritannien wurde bei Tausenden von Kindern und Erwachsenen der Blutdruck untersucht. Bei geringem Geburtsgewicht war die Wahrscheinlichkeit eines erhöhten Blutdrucks in allen Altersklassen höher, mit steigender Tendenz bei höherem Alter.

Ein dänisches Forscherteam entdeckte, daß Frauen mit unerklärbaren, wiederholten Fehlgeburten selbst ein unterdurchschnittliches Geburtsgewicht hatten. Ähnlich bestätigte ein Ver-

Delphine sind für Schwangere besonders interessant, weil sie offenbar das Baby im Mutterleib wahrnehmen können.

Isabelles Gruppen finden in einem Hydrotherapie-Becken statt, das mit verdünntem und gefiltertem Meerwasser gefüllt ist. Das Wasser ist immer wunderbar warm und klebt nicht so an der Haut wie Chlorwasser.

Mit der Zeit hat Isabelle ihre eigenen Techniken entwickelt. Sie lädt die Männer in die Gruppen ein, damit sie lernen, die körperlichen und psychischen Bedürfnisse ihrer schwangeren Frauen zu erfüllen.

Die Übungen bestehen aus langem, langsamem Ausatmen, wobei die Paare ganz untertaucht sind und einander halten und anschauen, während der Atem ausströmt.

Eine der Übungen, die die Angst vor dem Wasser und der Geburt überwinden helfen und auch die Atemkontrolle fördern, ist das Nachspielen des Geburtsvorgangs unter Wasser. Bis zu sechs Leute stehen mit gespreizten Beinen als ›Unterwassertunnel‹ hintereinander. Jeder schwimmt durch diesen Tunnel, einmal mit dem Kopf voran, einmal mit den Füßen (in ›Steißlage‹).

Bei der Übung, die am sinnlichsten anzusehen und zu photographieren war, hält der Mann seine Frau so an den Beinen, daß ihr ganzer Körper ausgestreckt im Wasser liegen kann – in der Bauch- oder Rückenlage. Dann schiebt er sie langsam durch das Schwimmbecken; sie hat dabei immer den Kopf unter Wasser. Die Frau trägt einen Nasenzwicker und schöpft immer nur kurz Luft, bevor sie wieder in eine rhythmische Ekstase zurückgleitet. Dieses Gefühl kann ich bestätigen, weil Isabelle diese Übung mit mir gemacht hat: Nach zehn Minuten war ich in einer anderen Welt; sie gab meinem Körper einen starken, liebevollen Halt, der aber nie mein Gefühl der Schwerelosigkeit und meine Bewegungsfreiheit einschränkte.

Angeblich weiß Dr. Ponette bei den Paaren, die bei ihm entbinden, immer, ob sie aus Isabelles und Yves Gruppen kommen – warum, kann man sich leicht vorstellen.

gleich zwischen Schizophrenen und ihren Geschwistern einen Zusammenhang zwischen Geisteskrankheit und niedrigem Geburtsgewicht. Außerdem hatten die Schizophrenen einer schwedischen Studie im Schnitt einen geringeren Kopfumfang als die Kontrollgruppe der Neugeborenen.

Viele Faktoren können die Entwicklung eines Babys im Mutterleib beeinflussen. Einer davon ist das psychische Befinden der Mutter. Die negativen Auswirkungen von Zigaretten, Alkohol, Drogen und bestimmten Infektionen der Harnwege und Genitalien sind bekannt. Seit kurzem warnen manche Forscher vor häufigen Ultraschall-Untersuchungen, die möglicherweise die fötale Entwicklung hemmen. In der ersten Studie zu diesem Thema wurden zwei Gruppen von Affen verglichen. (An den schwangeren Affen, die keinem Ultraschall ausgesetzt waren, wurden Utraschall-Untersuchungen simuliert, damit der Unterschied nicht auf psychische Faktoren geschoben werden konnte.) Eine australische Studie mit über 3000 Frauen kam zu denselben Ergebnissen.

Die Entwicklung des Ungeborenen hängt auch davon ab, was die Mutter ißt. Eiweiß und Kalorien konsumieren wir alle in der Regel mehr als genug; unterschiedlich ist jedoch der Anteil diverser Fettarten. In unserem Jahrhundert begann ein neues Kapitel in der Geschichte der Ernährung. In der Natur sind die Moleküle der sogenannten ungesättigten Fettsäuren meist hufeisenförmig (*cis*-Form). Seit der chemischen Weiterverarbeitung von Ölen und der Einführung der Margarine haben immer mehr ungesättigte Fettsäuremoleküle in unserer Nahrung eine andere Form, die *trans*-Form. Heute machen diese künstlich hergestellten Moleküle zwischen vier und zwölf Prozent unseres Fettverzehrs aus. In größeren Mengen finden sie sich in Keksen, Kuchen, Pommes Frites und allgemein in Fertigprodukten. Unser Körper kann zwischen Fetten der *cis*- und *trans*-Form bei der Verdauung, der Aufnahme durch den Darm und der Speicherung nicht unterscheiden. Doch die *trans*-Moleküle wirken bei wichtigen Stoffwechselvorgängen als Blocker. Die einschneidende neue Erkenntnis: Die *trans*-Moleküle werden von der Mutter durch die Plazenta auf ihr Baby übertragen, dessen Entwicklung sie wahrscheinlich hemmen. Neugeborene mit einem hohen Spiegel von *trans*-Fetten im Blut sind oft »klein für ihr Alter« (das heißt für die Dauer der Schwangerschaft). Die praktischen und finanziellen Folgen dieser Entdeckung, nicht zuletzt für die Gesundheit von uns allen, sind unabsehbar.

Bei der Diskussion um den Nahrungsbedarf in der Schwangerschaft neigt man dazu, immer nur auf das Geburtsgewicht zu schielen, während doch die Entwicklung des menschlichen Gehirns im Mittelpunkt stehen sollte. Ab 1989 durchgeführte Forschungen zeigen, daß das Gehirn spezielle Bedürfnisse hat – es giert geradezu nach einer bestimmten Familie langkettiger,

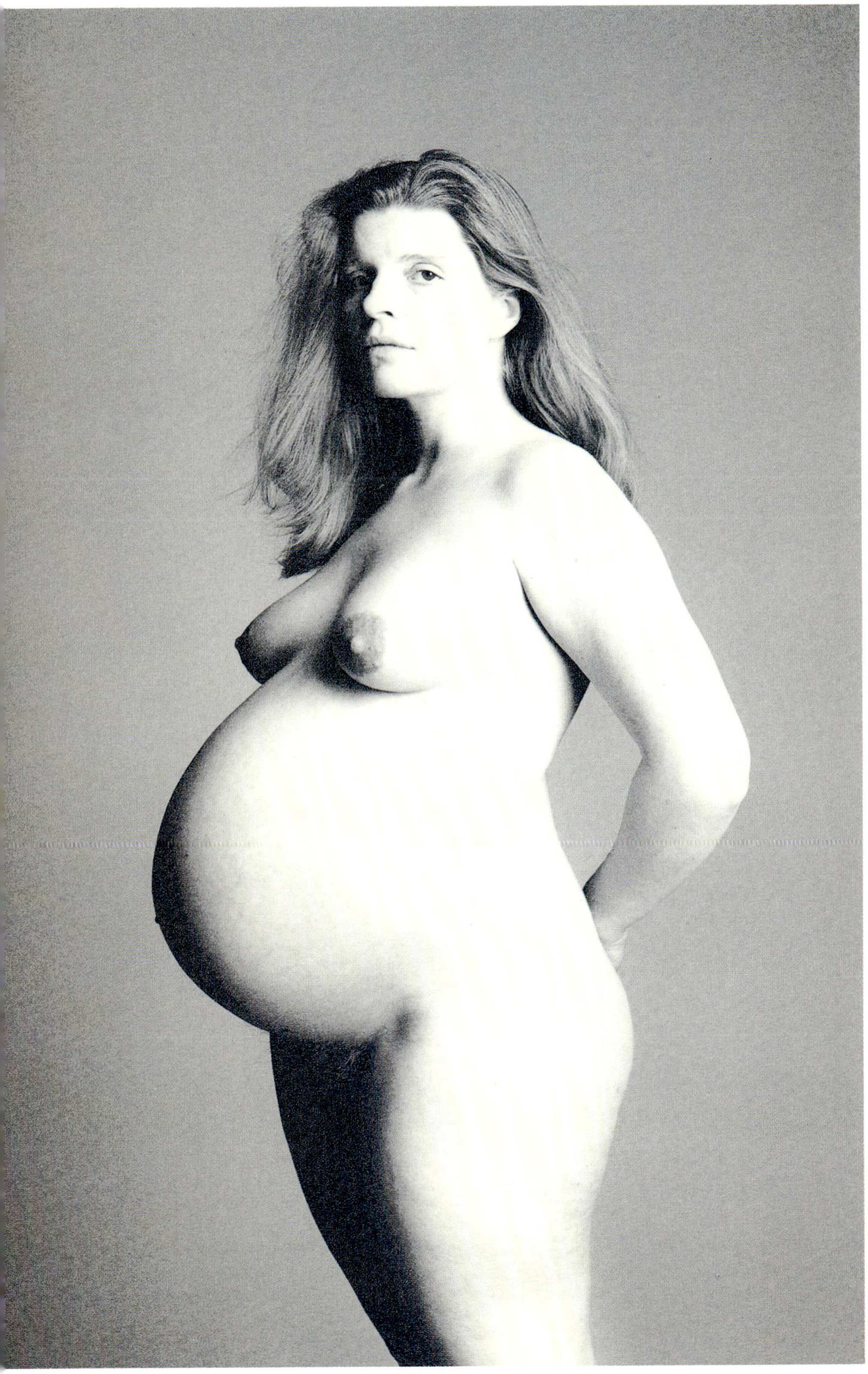

Vorsorgeuntersuchungen sollen die Frauen in allen Aspekten der Schwangerschaft unterstützen; besondere Aufmerksamkeit erhält dabei die Ernährung.

Die entspannende Wirkung des Wassers überträgt sich auf das Ungeborene, ob die Mutter nun darin eingetaucht ist oder sich einfach in seiner Nähe aufhält.

ungesättigter Fettsäuren, die als Omega-3-Fettsäuren bekannt sind. Diese essentiellen Fettsäuren sind nur in Fisch und Meeresfrüchten in größeren Mengen vorhanden, obwohl auch grüne Gemüse die Vorstufe dazu enthalten. Doch dieses Molekül muß im mütterlichen Körper umgewandelt werden, bevor es verwertbar ist, und dieser Prozeß ist komplex und hat seine Grenzen.

Ich bin ganz Ohr, wenn ich von Frauen höre, daß sie in der Schwangerschaft ein stärkeres Verlangen nach Fisch haben. Das bringt uns wieder zurück an den Anfang, zum Meer, zu dem sich so viele Schwangere hingezogen fühlen.

6 Geburt in einer weiblichen Umgebung

❛ Als ich nach Gelegenheiten zum Photographieren suchte, um dieses Buch zu produzieren, war ich davon überzeugt, daß Photos unter Wasser geborener Babys hervorragend zeigen könnten, was bei Wassergeburten wirklich abläuft.

Ich wußte, wie am H.-Serruys-Hospital im belgischen Oostende unter Dr. Herman Ponette gearbeitet wurde, einem Pionier, der nach seinem Besuch bei Michel Odent in Pithiviers 1983 die Wassergeburt auch an seiner Klinik einführte. Mittlerweile hat er über 1500 Frauen geholfen, ihr Baby im Wasser zur Welt zu bringen.

Ich entdeckte, daß die Wassergeburten am H.-Serruys-Hospital in einem speziell zu diesem Zweck entworfenen Geburtsbecken aus Plexiglas stattfanden. ❜

Auf der ganzen Welt galt das Wasser immer als Inbegriff des Weiblichen, als Mutter aller Dinge. Zum Beispiel sind der Buchstabe M, der »Mutter-Buchstabe«, und seine Umkehrung, das W, beide von ägyptischen Bildsymbolen abgeleitet, die Wasser in Form von Wellen darstellen. Ist das der Schlüssel zum Verständnis, wie Wasser den Geburtsvorgang beeinflussen kann?

Gehen wir noch einmal zurück zur Anziehungskraft, die Wasser auf Gebärende ausübt. Und setzen wir etwas voraus, was manche intellektuelle Kreise immer noch zu heftigem Widerspruch reizt: daß der Mensch Instinkte besitzt. Das ist die wichtigste Lektion, die das Schwimmverhalten von Babys uns lehrt. Es ist klar erwiesen, daß Neugeborene aller Rassen sich unter Wasser vorwärtsbewegen können, diese instinktive Fähigkeit aber im Alter von etwa vier Monaten zu verlieren scheinen. Doch die primitiven Gehirnstrukturen, die reflexhaftes Verhalten steuern, gehen nicht verloren – sie werden durch die lawinenartige Entwicklung unseres neuen, rationalen Gehirns, des Neocortex, nur gehemmt, kontrolliert und »kastriert«. Das Feuer der menschlichen Instinkte wird nicht gelöscht, sondern glimmt weiter.

Gebären ist ein instinktiver Vorgang. Was während der Wehen im Körper einer Frau am aktivsten arbeitet, ist das Stammhirn. Heutzutage betrachtet man diesen Teil des Gehirns, der die Instinkte steuert, auch als Drüse, die Hormone freisetzt. Eine Frau – oder jedes andere weibliche Säugetier – kann ohne bestimmte Hormone wie Oxytozin, Endorphine und Prolaktin kein Baby zur Welt bringen. All diese Hormone werden direkt oder indirekt vom primitiven Gehirn produziert. Wir wissen heute auch, daß Blockierungen während des Geburtsvorgangs immer auf den Neocortex zurückzuführen sind. Die instinktive Natur des Gebärens bedeutet, daß der Neocortex seine Kontrolle lockern und in den Hintergrund treten muß.

Die Wirkung von Wasser bei den Wehen wird klarer, wenn wir uns an die Beobachtungen von Hebammen halten: Wird der Neocortex stimuliert, tauchen beim Geburtsvorgang Schwierigkeiten auf. Sogar das Ansprechen der Gebärenden, um sie zu beruhigen, zu ermutigen, etwas zu erklären, stimulieren den Neocortex. Einfühlsame Hebammen reden nicht viel; wenn sie etwas mitzuteilen haben, benutzen sie einfache Worte oder die Körpersprache.

In den Tagen vor der modernen Installationstechnik badeten Schwangere manchmal in natürlichen Teichen und Flüssen.

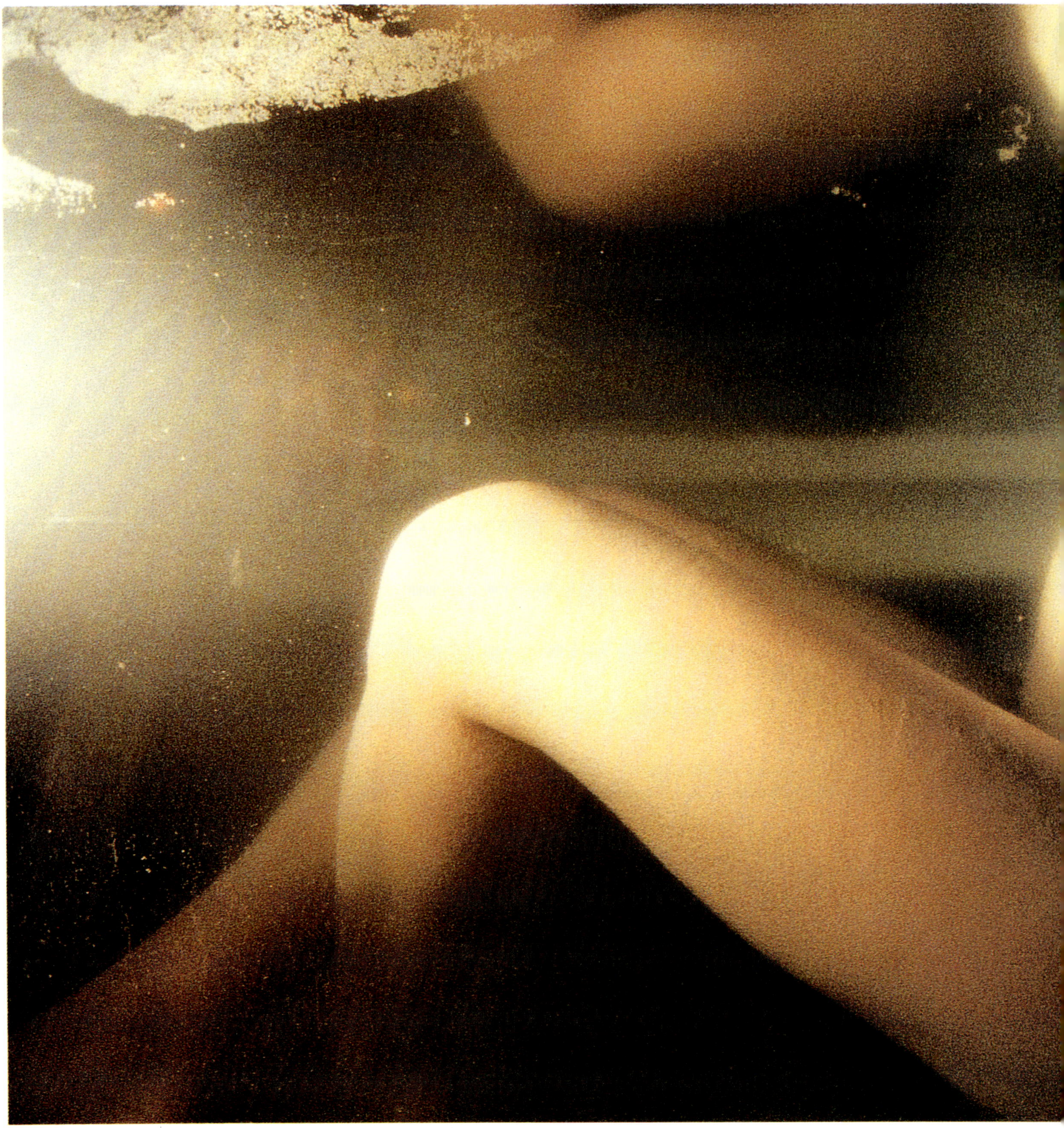

Oben: *Jahrhundertelang fühlten sich viele Frauen während der Wehen zum Wasser hingezogen. Wasser besitzt eine beruhigende, weibliche Qualität, die sehr viel Geborgenheit vermitteln kann, vor allem bei der männlichen Atmosphäre, die in vielen modernen Entbindungsstationen herrscht.*

Das Sehen ist von unseren Sinnen derjenige, der am stärksten dem Intellekt zugeordnet ist; aus diesem Grund läßt sich der Neokortex auch stimulieren und die Geburt erschweren, wenn man das Geburtszimmer lediglich hell erleuchtet. Allein die Anwesenheit anderer Personen bei den Wehen regt den Neocortex der Gebärenden an. Eine ungestörte Privatsphäre ist während der Wehen ein Grundbedürfnis, das alle Säugetiere teilen.

Alle anderen Säugetiere, deren Neocortex weniger entwickelt ist als der unsere, wissen besser als wir, was sie tun müssen, um schädliche Situationen zu vermeiden: Sie ziehen sich zurück. Was wir brauchen, um uns unbeobachtet zu fühlen, wird individuell unterschiedlich sein; Grundvoraussetzung ist jedoch das Gefühl der Sicherheit. Dann kann unser Neocortex leichter loslassen.

Oben: *Eine Frau lehnt sich in einem Geburtsbecken der Klinik in Pithiviers zurück. Die runden, blauen Becken stehen in kleinen, anheimelnden Räumen. Die Atmosphäre ist bewußt ruhig gehalten.*

Neugeborene sind für das Untertauchen bestens ausgestattet, können also unbeschadet unter Wasser zur Welt kommen.

› Auf den ersten Blick fand ich die Plexiglaswanne ziemlich gräßlich; sie wirkte nicht so freundlich wie die runden, blauen Geburtsbecken, die wir in England haben. Doch als sie in Betrieb war, schien sie wie verwandelt.

Im Zimmer war es ruhig und friedlich. Das Licht war gedämpft, und aus einem Lautsprecher in der Wand kam beruhigende Musik. Die Wanne sah jetzt gar nicht mehr so abweisend aus, mit dem im Wasser erleuchteten Körper der werdenden Mutter. Sie fühlte sich wohl und selbstsicher. ‹

Schützende Geborgenheit zu vermitteln ist ein wichtiger Teil der Hebammenrolle, der zurückreicht in die Zeiten, als nur die eigene Mutter oder eine andere erfahrene Frau aus der weiteren Verwandtschaft der Gebärenden beistand. Hebammen waren ursprünglich ein Ersatz für die Mutter. Das zeigt sich in vielen Sprachen noch in den Wurzeln des Wortes für Hebamme, die »Mutter« oder »Großmutter« bedeuten, zum Beispiel im altfranzösischen »matrone«, dem spanischen »matrona« und dem englisch-amerikanischen »granny«, alles Namen für die Hebamme.

Die Art von Privatsphäre, die Frauen bei der Geburt benötigen, vor allem, wenn ihr Inneres ungeschützt offenliegt, verträgt sich scheinbar mit der Anwesenheit einer Mutterfigur. Manche rufen dann sogar laut nach ihrer »Mami«.

Ich erinnere mich an die Hausgeburt eines ersten Kindes, bei der ich anwesend war. Es lief alles sehr unkompliziert, doch danach erzählte mir die junge Mutter, daß irgendwann ihr Blick auf ein Photo ihrer Mutter fiel, die vor ein paar Jahren gestorben war, und von diesem Moment an »schaltete sie in einen anderen Gang« und überließ sich ganz dem Geburtserlebnis. Das heißt nicht, daß eine Frau heute bei der Geburt unbedingt ihre Mutter dabei haben sollte. Von einer Generation zur anderen

ändert sich soviel, daß die Erfahrung der älteren Frau für die Jüngere vielleicht keine Bedeutung mehr hat. Doch in manchen Ländern wie Japan ist es immer noch üblich, daß Schwangere gegen Ende der Schwangerschaft einen engen Kontakt zur Mutter suchen.

Im typischen modernen Kreißsaal ist die Atmosphäre sehr männlich, weil viele Mediziner Männer sind und High Tech ein Männlichkeitssymbol. Die Einführung elektronischer Herzmonitoren in den Geburtsraum kann als Symptom eines grundlegenden Unverständnisses gegenüber dem Geburtsprozeß betrachtet werden. Kein Wunder, daß Wasser, in welcher Form auch immer, hier etwas in Bewegung setzen kann. Vielen Hebammen ist aufgefallen, wie gut schon eine einfache Dusche wirkt: Zum einen kann man sich dort ungestört zurückziehen (wichtigste Voraussetzung für die Wehenarbeit), und wenn die Gebärende den Strahl auf ihre Brustwarzen lenkt, werden die Gebärmutterkontraktionen über einen verstärkten Ausstoß von Oxytozin stimuliert. Anblick, Geruch und Geräusche des Wassers übermitteln weitere komplexe Botschaften.

Die Anziehungskraft des Wassers während der Wehen ist nicht neu. In gewissen »primitiven« Kulturen, zum Beispiel bei den

Ein Baby in Steißlage wird im H.-Serruys-Hospital in Oostende unter Wasser geboren. Die Mutter wollte ursprünglich eine Periduralanästhesie, entschied sich dann aber dafür, ihre Schmerzen vom Wasser lindern zu lassen.

› Unter den Geburten, die ich photographierte, war auch ein Baby in Steißlage, das von Dr. Deschacht entbunden wurde. Die Mutter hatte zuvor um eine Periduralanästhesie gebeten, stieg aber dann doch in die Wanne. Die Geburt ging unglaublich rasch voran und schien relativ leicht und schmerzlos. Das überraschte mich sehr, weil ich geglaubt hatte, Steißlagen müßten meist mit Kaiserschnitt entbunden werden. ‹

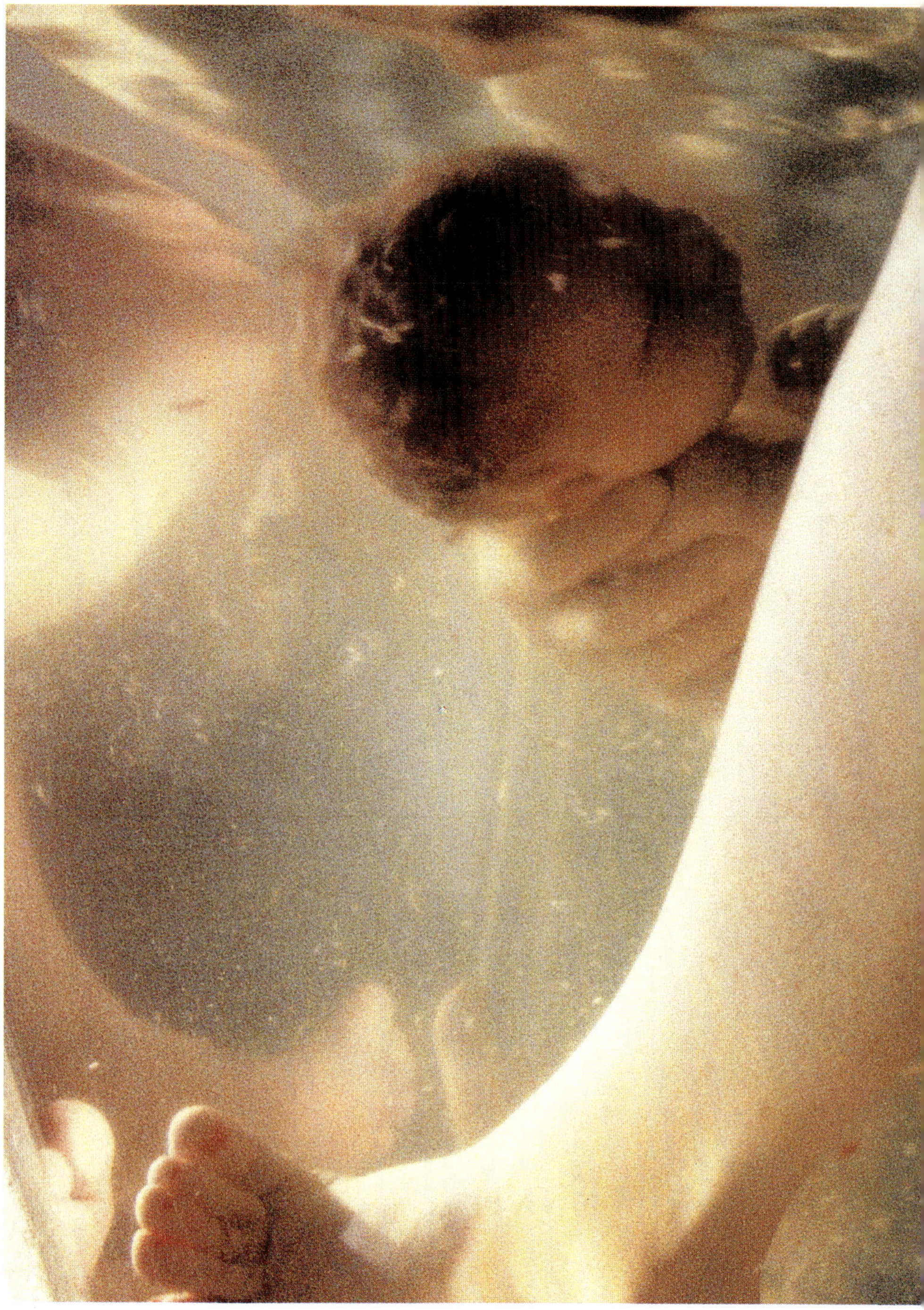

Die erste Geburt, bei der ich photographierte, fand mit Dr. Deschacht statt. Nachdem die junge Mutter ihr Baby eine Weile im Arm gehalten hatte, durfte der stolze Vater die Nabelschnur durchschneiden, wie es in Oostende üblich ist. Erwartet eine Mutter ihr zweites oder drittes Kind, dürfen ihre anderen Kinder, wenn sie nicht zu jung sind, bei der Geburt dabeisein und auch beim Durchschneiden der Nabelschnur helfen.

Efe-Pygmäen im Tropenwald Zaires, wird wenig in den Geburtsvorgang eingegriffen, der Geburtsort befindet sich oft nahe an einem Fluß. Das trifft auch für andere afrikanische Stämme zu und für die Jackwash im peruanischen Teil des Amazonasdschungels. Einige Aborigines-Frauen der australischen Westküste waten erst im Meer umher, bevor sie am Strand ihr Baby zur Welt bringen.

Einer japanischen Überlieferung nach haben Frauen auf bestimmten südlichen Inseln ihre Kinder im Meer geboren. Alte Erzählungen lassen darauf schließen, daß die Anwendung von Wasser während der Wehen und die Geburt im Wasser wahrscheinlich bei so verschiedenen Völkern wie den Ägyptern, den Indianern Panamas, auf manchen Pazifikinseln und vielleicht bei den neuseeländischen Maoris bekannt waren. Schriftlichen Zeugnissen läßt sich entnehmen, daß viele Europäerinnen auch schon vor der Ära des fließenden Wassers während der Wehen ein Bad nahmen. Die natürlichen Becken in den verwitterten Felsen von Clach Bhan und Ben Avon in den schottischen

Eine Hand greift nach unten und hilft dem Neugeborenen sanft aus dem Wasser.

Cairngorm-Bergen hatten den Ruf, Wehenschmerzen zu lindern. Das beliebte deutsche Buch *Die Frau als Hausärztin*, das um die Jahrhundertwende erschien, empfahl bei schwierigen Wehen ein Bad bei Körpertemperatur, anschließend ein kühleres Drei-Minuten-Bad.

Eine medizinische Zeitschrift in Frankreich berichtete schon 1805 über eine Wassergeburt. Anscheinend hatte die Schwangere keine Zeit mehr, ihr Bad zu verlassen, bevor ihr Baby geboren wurde. Das läßt darauf schließen, daß Bäder während der Wehen vor 200 Jahren in bestimmten Teilen Frankreichs keine Seltenheit waren.

Auch in Mythen und Legenden wird die Geburt oft mit Wasser in Verbindung gebracht. Die griechische Liebesgöttin Aphrodite wurde im Schaum der Wellen geboren, während die Liebesgöttin Zyperns am Strand von Paphos zur Welt kam.

Sobald die Klinik, in der ich arbeitete, mit Geburtsbecken ausgerüstet war, wiederholten sich oft bestimmte typische Abläufe. Wenn der Muttermund bis zu einem bestimmten Grad

„Bei der zweiten von mir photographierten Wassergeburt war die Mutter erst Mitte zwanzig, und es fiel ihr schwer, mit ihren heftigen Wehen fertigzuwerden. Die Wehen dauerten schon sehr lange, und obwohl das warme Wasser ihr sichtlich guttat, war es qualvoll, jemanden zu beobachten, der so große Schmerzen litt, vor allem, da ich ähnliche Erfahrungen gemacht hatte. Hier spielte die Hebamme eine große Rolle. Sie blieb ständig an der Seite der Frau und ermutigte sie mit sanften Worten zum Durchhalten.

Dr. Ponette kam hinzu und half dem Baby behutsam in die Arme einer sehr müden und sehr erleichterten Mutter.“

Die H.-Serruys-Entbindungsstation und die Ärzte und Hebammen, die dort arbeiten, haben sich der Philosophie der ›Geburt ohne Gewalt‹ verschrieben. Das kann ich aus eigener Anschauung bestätigen. Obwohl auch oft ›normale‹ Entbindungen stattfinden, ermutigt das Team die Schwangeren, wo immer es möglich ist, den sanfteren Weg zu gehen.

Es war ein wunderbares Privileg für mich, Einblick in das Leben und die Ereignisse in dieser Kleinstadtklinik zu erhalten. Ich werde mich mein Leben lang daran erinnern.

Ich sage immer, ich hätte eine Low-Tech-Empfängnis und eine High-Tech-Entbindung gehabt. Bei meiner Freundin Betty lief es genau umgekehrt. Nachdem sie sich lange vergeblich bemüht hatte, auf natürliche Weise schwanger zu werden, entschieden sie und ihr Partner Hugh sich für eine künstliche Befruchtung, und schließlich erwartete sie mit 44 Jahren ein Baby.

Gegen Ende der Schwangerschaft las sie über die schmerzlindernden Eigenschaften von warmem Wasser und beschloß in letzter Minute, am Londoner King's College Hospital, wo sie entbinden wollte, ein Geburtsbecken zu bestellen. Bettys Muttermund war halb eröffnet, als sie mit Hugh und mir in der Klinik eintraf. Als erstes überraschte mich, wie freundlich das Entbindungszimmer wirkte. Es hatte hübsche Vorhänge und Tapeten, einen Schaukelstuhl und Pflanzen, dazu alles sonstige Zubehör, das man in einem Kreißsaal erwartet.

In der Mitte des Raums stand ein großes, rundes, blaues Becken. Die Hebamme schlug vor, daß sich Betty ausziehen sollte, während das Becken gefüllt wurde. Es klang herrlich, als das Wasser gegen die Wände plätscherte, und am liebsten hätte ich meine Kleider abgestreift und wäre selbst hineingestiegen.

eröffnet ist – meist in der Mitte der Eröffnungsphase –, werden manche Frauen mit der Stärke ihrer Wehen nicht mehr fertig und bitten um Medikamente. Das ist der Moment, um Wasser zur Sprache zu bringen. Kaum fällt dieses Wort, vergessen viele Frauen sogleich alle Medikamente und wollen nur noch wissen, wie lange es dauert, das Bad einlaufen zu lassen. Wenn sie wirklich ungeduldig sind, kann es helfen, sie gleich in den Wassergeburtsraum zu bringen. Anfangs benutzten wir ein Plantschbecken, das später durch ein tieferes Becken aus härterem Material ersetzt wurde. Beide waren blau und rund und standen in einem kleinen, anheimelnden Raum, auf dessen hellblaue Wände Delphine gemalt waren – ein ruhiger Ort, an dem die werdende Mutter sehen und hören konnte, wie Wasser in das Becken lief.

Grundsätzlich empfehlen wir den Frauen, erst ins Bad zu steigen, wenn es vollständig mit Wasser gefüllt ist, damit wir die Herztöne des Babys ein letztes Mal abhören und die Wassertemperatur kontrollieren können. Will eine Frau aber gar nicht auf uns hören, ist das ein gutes Zeichen. Es bedeutet, daß der Neokortex kaum noch etwas zu sagen hat und sie bereits unterwegs »zu einem anderen Planeten« ist. Dann hat sie wahrscheinlich eine rasche, leichte Geburt. Jedes »irrationale« Verhalten ist positiv zu werten. Das Schlimmste, was die Hebamme in einem solchen Moment machen kann, ist, die Frau zurechtzuweisen und sie mit logischen Überlegungen auf die Erde zurückzuholen. Ich habe schon erlebt, wie Frauen zu schreien begannen und starke Wehen bekamen, sobald sie das laufende Wasser sahen und hörten: Sie klammerten sich an den Rand der Wanne, und das Baby wurde auf dem Boden geboren, bevor das Bad fertig war.

Die meisten Frauen jedoch steigen erst ins Bad, wenn es ausreichend gefüllt ist und die richtige Temperatur hat – das bedeutet: nicht heißer als Körpertemperatur. Aber bis es soweit ist, haben sie meist einen Schub wirkungsvoller Wehen, und der Geburtsvorgang schreitet dramatisch voran. Sobald sie sich ins Wasser sinken lassen, stoßen die meisten Frauen einen großen Seufzer aus, der Erleichterung und sogar Behagen ausdrückt. Und wenn jetzt das Licht gedämpft ist, der Vater des Babys sich nicht wie ein Beobachter benimmt, die Hebamme sich zurückhält und keine Kamera in der Nähe ist, wird sich der Muttermund wahrscheinlich sehr rasch öffnen.

Kurz vor der eigentlichen Geburt können die Wehen plötzlich ihre Kraft verlieren. Das spürt die Mutter, und wenn sie ihrem Gefühl vertraut, wird sie aus dem Wasser steigen. Das Verlassen der Wärme und die kühlere Luft lösen oft ein, zwei, drei mächtige Wehen aus, und das Baby ist da.

Danach ist zuallererst für Wärme im Raum zu sorgen. In der

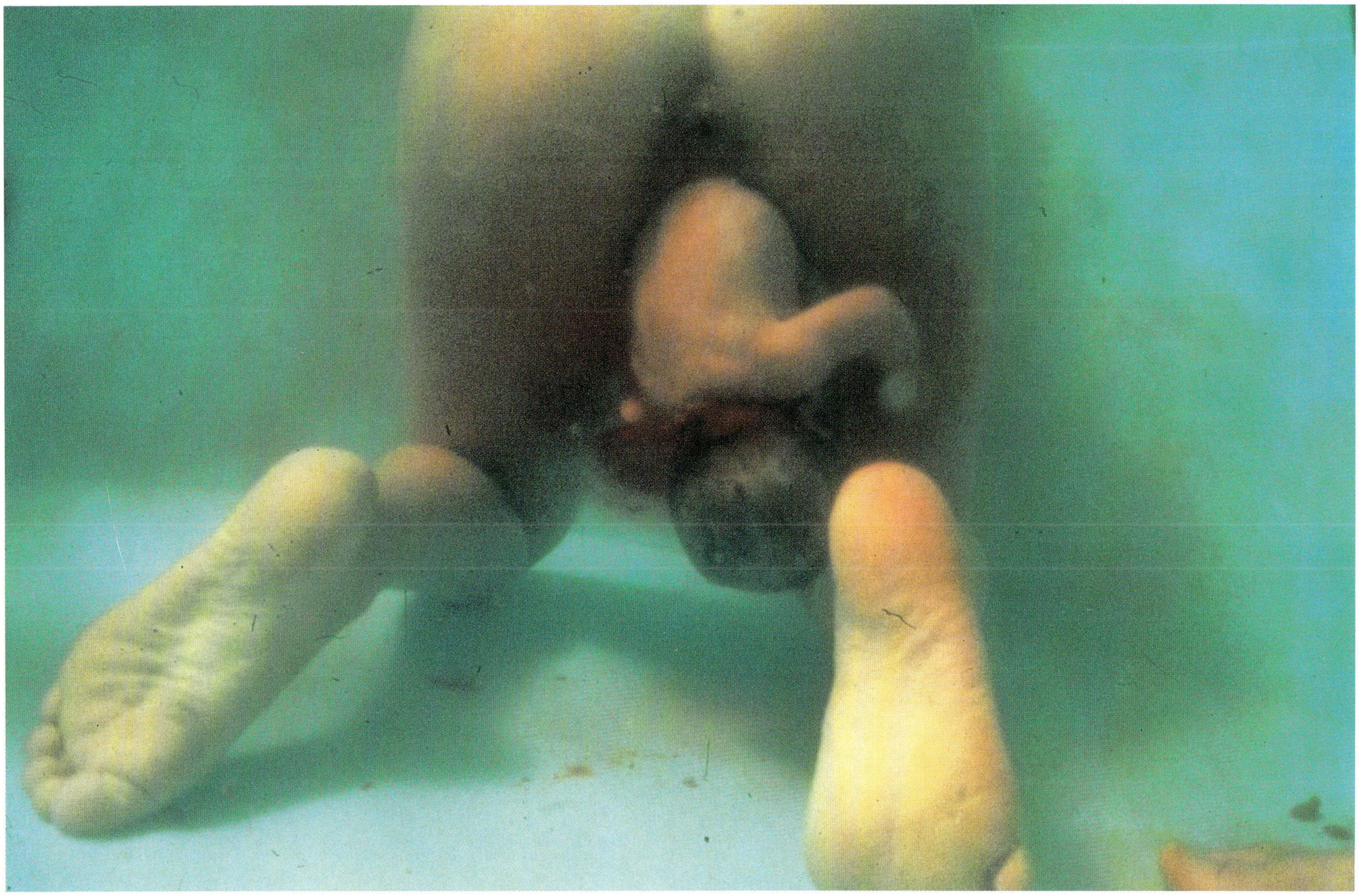

Hier, in der Klinik von Pithiviers, kniet eine Frau in der wohligen Wärme des Wassers und bringt ihr Baby zur Welt.

Bettys Wehen waren stark und schmerzhaft, aber das warme Wasser half ihr sichtlich. Sie konnte sich im Becken frei bewegen und die Haltung einnehmen, die für sie am bequemsten war.

In Abständen hörten die Hebammen die Herztöne des Babys ab und maßen Bettys Blutdruck. Ein Thermometer, das regelmäßig abgelesen wurde, hing an der Beckenseite; die Temperatur des Wassers wurde konstant gehalten.

Als Bettys Wehen voranschritten und in immer kürzeren Abständen kamen, schien sie ganz woanders zu sein; sie setzte sich einen Kopfhörer auf und wollte sich nicht mehr mitteilen, bat nur gelegentlich um einen Schluck Wasser oder Tee.

Ruhige, friedliche Stunden verstrichen, das Licht war gedämpft, und im Raum herrschte spürbar ein starkes Gefühl freudiger Erwartung. Manchmal war es schlimm, mitansehen zu müssen, wie Betty starke Schmerzen litt, aber sie schien außergewöhnlich gut damit fertigzuwerden. Ich hatte das Gefühl, daß sie und die Hebammen die Situation völlig beherrschten. Ein paarmal wurde Betty gefragt, ob sie das Becken verlassen und auf dem Bett weitermachen wolle, aber Betty schüttelte nur den Kopf. Etwa fünf Stunden, nachdem sie ins Wasser gestiegen war, kam Betty in die Endphase der Wehen. Jetzt wurden die Hebammen aktiv. Sie redeten Betty zu, daß sie es schaffen würde, und halfen ihr, zwischen den Preßwehen ihren Atem zu kontrollieren. Plötzlich war im Wasser ein Köpfchen zu sehen. Betty konnte ihre Aufregung nicht mehr zügeln, und mit einer weiteren Preßwehe war Josh geboren.

Betty hatte so lange darauf gewartet und schließlich, mit 44 Jahren, ihr erstes Kind zur Welt gebracht.

Gegenüber: *Gleich nach der Geburt sollte eine Mutter nichts anderes zu tun haben, als mit ihrem Baby zusammenzusein.*

ersten Stunde nach der Geburt kann es für Mutter und Kind gar nicht warm genug sein. Bei Hausgeburten besorgt man meist einen zusätzlichen Heizer, damit für beide warme Handtücher und Decken bereitliegen. Das Zweitwichtigste ist, dafür zu sorgen, daß Mutter und Baby ungestört sind. Die Mutter sollte nichts anderes zu tun haben, als mit ihrem Baby zusammenzusein, Blickkontakt zu ihm zu suchen und seine Haut zu berühren. Jede Ablenkung kann gefährlich sein, da sie die Ausschüttung von Oxytozin, das für das Ausstoßen der Plazenta nötig ist, hemmen kann. Ablenken kann möglicherweise das Durchschneiden der Nabelschnur vor der Geburt der Plazenta, das Herumstehen vor der Mutter, gute Ratschläge zur Position, die sie einnehmen sollte, und das Photographieren.

Keine zwei Geburten sind gleich. Am häufigsten kommt vor, daß die Mutter kurz vor der Geburt aus dem Wasser steigt, falls sie ihrem Gefühl vertraut. Aber es gibt Ausnahmen: Sogar schon beim ersten Kind und erst recht bei den folgenden Geburten kann im Wasser sehr schnell die Endphase des Geburtsvorgangs eintreten. Wenn dort, wo Frauen entbinden, eine Wanne vorhanden ist, wird immer wieder eine Wassergeburt vorkommen, auch wenn sie gar nicht beabsichtigt war. Hat eine Frau im Wasser kräftige Wehen, wäre es unsinnig, sie ständig vaginal zu untersuchen, um den genauen Zeitpunkt festzustellen, wann sie das Bad verlassen sollte. Damit riskiert man nur, den Geburtsprozeß zu behindern. Und wenn eine Frau das Gefühl hat, keine Zeit mehr zu haben, um aus dem Wasser zu steigen, wäre es nutzlos, darauf zu bestehen.

Man muß nur wissen, daß eine Geburt unter Wasser möglich ist und daß ein Neugeborenes für einen kurzen Aufenthalt unter Wasser bestens gerüstet ist. In diesem Fall braucht nur ein Geburtshelfer oder die Mutter selbst das Baby vom Boden der Wanne behutsam innerhalb weniger Sekunden, aber ohne Hast, hochzuholen. In der kühlen Luft beginnt das Baby zu schreien. Dann ist die Mutter bereit, ihr Baby in die Arme zu nehmen. Die Wanne sollte so tief sein, daß das Wasser der Mutter, wenn sie kniet, gerade bis unter die Brüste reicht, damit der Haut- und Augenkontakt so einfach wie möglich ist. Die ersten Wassergeburten, die ich erlebt habe, waren überraschende Ereignisse. In der Klinik von Pithiviers waren Bäder während der Wehen und insbesondere Wassergeburten ungeplant – so etwas hatte keiner vorausgesehen.

Bevor die Medien die Aufmerksamkeit auf die Wassergeburt lenkten, bekamen viele Frauen ihre Babys im Wasser. Sobald sie ein bestimmtes Bewußtseinsstadium erreichten und alle Hemmungen ablegten, war es, als ob sie wüßten, daß für ihr Kind keinerlei Gefahr des Ertrinkens bestand. Woher kommt dieses Wissen?

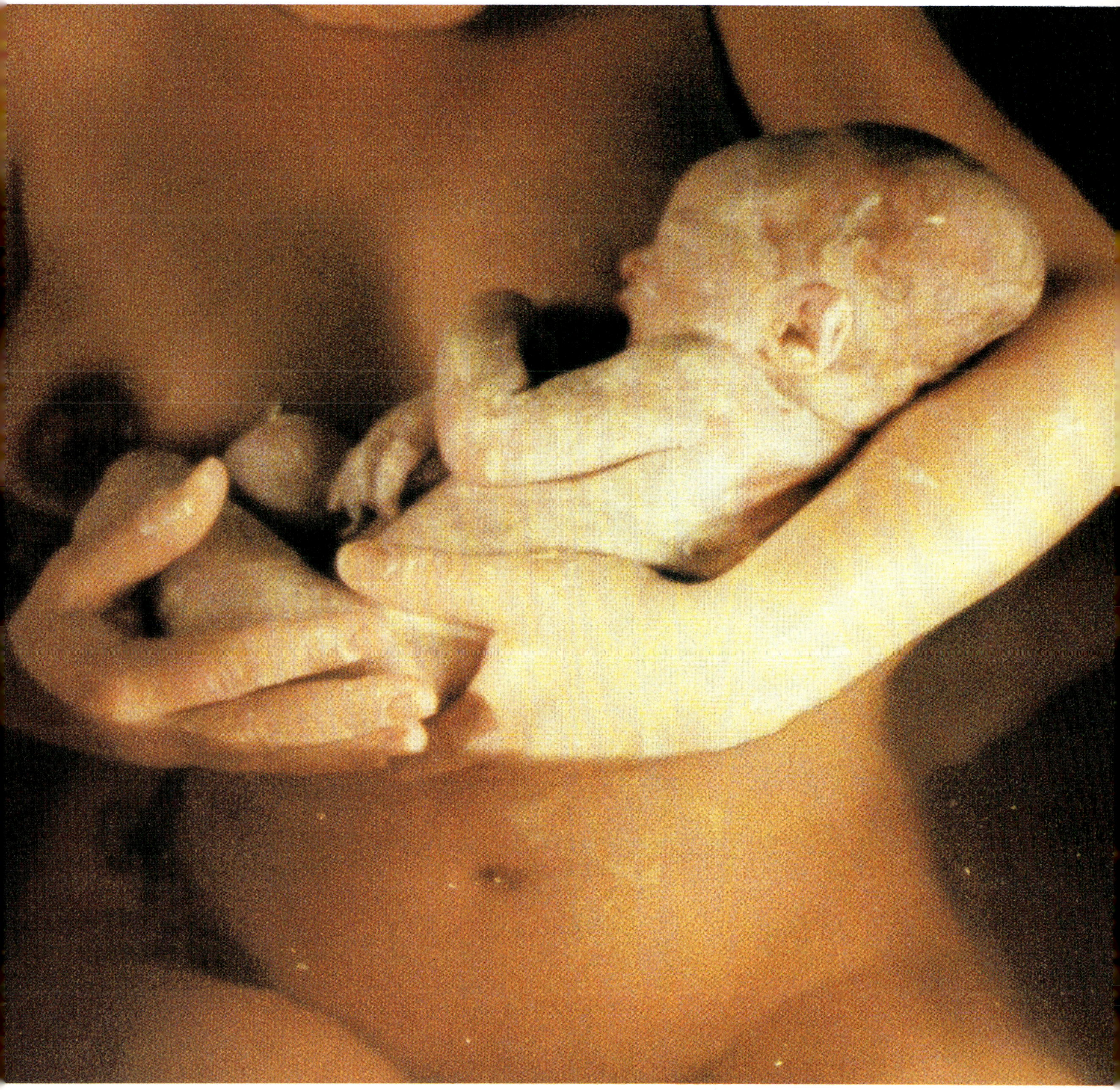

7 Placebo-, Halo- und Nocebo-Effekt

Gegenüber: *Wieder kommt im H.-Serruys-Hospital in Oostende ein Baby im Wasser zur Welt. Die Mutter hatte sich für das Bad im Becken anstelle der konventionellen Methoden entschieden.*

»Die Anwendung von Wasser während des Geburtsvorgangs erfordert weitere Forschungen.« Zu diesem lapidaren Schluß komme ich in meinem Bericht, den ich 1983 in einer führenden medizinischen Zeitschrift veröffentlicht habe. Zehn Jahre später wies ein anderer Artikel erneut auf die Notwendigkeit einer wissenschaftlichen Beurteilung der Rolle hin, die Wasser beim Geburtsprozeß spielt. 1994 steckt die Erforschung des Phänomens, zum Beispiel durch Spitzenwissenschaftler wie die Perinatalen Epidemiologen in Oxford, immer noch in den Kinderschuhen. Warum zieht sich das alles so lange hin? Der wichtigste Grund dafür ist, daß sich die Aussagekraft und Durchführbarkeit solcher Studien schwer einschätzen lassen. Denn immer spielen der sogenannte Placebo-, der Halo- und Nocebo-Effekt eine gewichtige Rolle.

Überzeugungen sind mächtige Faktoren, die unseren Gesundheitszustand beeinflussen. Das ist wohl die verblüffendste medizinische Entdeckung dieses Jahrhunderts, die die Bewertung der Wirksamkeit einer neuen Behandlungsform allerdings nicht einfacher macht. Denn man darf dabei den mächtigen Placebo-Effekt nicht außer acht lassen, dem zufolge der Glaube an ein Heilmittel dessen Wirksamkeit ungemein steigert. Das Wort »placebo« (lateinisch: »ich werde gefallen«) wurde erstmals im 19. Jahrhundert verwendet, für Scheinbehandlungen, deren Zweck lediglich darin bestand, den Patienten zufriedenzustellen. Moderne Tests zeigen jedoch, daß bis zu 40 Prozent der Patienten bei Angina, Arthritis, Asthma und Ekzemen nach der Einnahme von Placebos eine Besserung feststellen.

Erst in der zweiten Hälfte der 50er Jahre, als viele stark wirksame Medikamente entwickelt wurden, begann man, den Placebo-Effekt wissenschaftlich zu messen. Heute ist die therapeutische Wirksamkeit eines Placebos anerkannt.

Schwierig kann es werden, den Placebo-Effekt vom Halo-Effekt zu unterscheiden, der Wirkung, die ein Arzt oder jeder andere im Gesundheitsbereich Tätige bei einer medizinischen Begegnung auf den Patienten ausüben kann, unabhängig von den therapeutischen Maßnahmen. Das heißt, daß in manchen Situationen die Persönlichkeit des Arztes und die Art, wie ein Mittel verschrieben wird, wichtiger sind als das Mittel selbst.

Placebo- und Halo-Effekt sind wichtige Faktoren, die man berücksichtigen muß, wenn man ein neues Heilverfahren bewertet. Der Standard-Test dazu ist der »randomisierte Doppelblindversuch mit Placebo-Kontrolle«. »Doppelblind« bedeutet, daß weder der Patient noch der Arzt weiß, welches die Scheinmedikamente sind und welches die pharmakologisch wirksamen. »Randomisiert« heißt, daß die Gruppenzugehörigkeit vom Zufall bestimmt wird; in der Regel werden die beiden Patientengruppen durch Lose ermittelt. So etwas läßt sich bei Medikamententests gut durchführen, dürfte bei Wassergeburten aber schwierig sein.

schiedener Entbindungsstationen zu vergleichen. Es geht um einen Vergleich von Wasseranwendung und Medikamenten oder vielmehr um einen Vergleich ihrer Nebenwirkungen, da Wasser als Ersatz für Medikamente gelten kann. Wir stehen in der Geschichte der Geburtshilfe an einem Punkt, an dem wir neue Gründe erkennen, warum wir die physiologischen Prozesse so wenig wie möglich stören sollten. Seit dem Beginn der 90er Jahre häufen sich Studien über die Langzeitwirkung von Medikamenten, die während der Wehen eingesetzt wurden. Zum Beispiel untersuchte der Schwede Bertil Jacobson die Drogenabhängigkeit von Teenagern und Erwachsenen im Zusammenhang mit Medikamentengaben während der Geburt. Seine Studien zeigten, daß die Kinder von Müttern, die während der Wehen bestimmte Medikamente erhielten, mit größerer Wahrscheinlichkeit drogensüchtig wurden. Der Keim für Drogenanfälligkeit wird offensichtlich bereits bei der Geburt gelegt.

Es gibt auch zahlreiche Studien über die Nebenwirkungen von Periduralanästhesien (PDA). Diese bieten sich zum Vergleich mit Wasseranwendungen geradezu an, da heute oft beide Möglichkeiten konkurrieren. Wieviele Frauen würden wohl ihre Bitte um eine PDA vergessen, wenn ihnen eine Hebamme, die sich im Umgang mit Wasser sicher fühlt, im richtigen Moment ein Bad im Geburtsbecken anbietet? Heute ist bekannt, daß eine PDA den Bedarf nach weiteren Medikamenten zur Wehenstimulation erhöht, ebenso die Anzahl der Zangengeburten und Kaiserschnitte. Wir wissen sogar, warum die PDA eine Belastung für das Ungeborene darstellen kann. Während einer längeren PDA kann die Körpertemperatur von Mutter und Kind steigen; dabei liegt die Körpertemperatur des Babys ohnehin schon um 1° höher als die der Mutter. Einer britischen Studie zufolge liegt bei fünf Prozent der Babys während einer PDA die Temperatur über 40°. Das ist besorgniserregend, weil der Fötus Hitze schlecht regulieren kann. Bei hoher Körpertemperatur braucht er mehr Sauerstoff und ist daher gefährdeter. Auch wenn die Mutter zu heiß badet, kann der Fötus überhitzen. Das war vermutlich der Grund für die Unfälle bei den Wassergeburten in Bristol, über die in den Medien ausführlich berichtet wurde. In einem Fall war das Wasser im Geburtsbecken 39,7° heiß. In Pithiviers habe ich mich stets vergewissert, daß die Wassertemperatur die Körpertemperatur der Mutter nicht überschreitet.

Heute kennen wir auch das erhöhte Risiko chronischer Rückenschmerzen bei Müttern nach einer PDA. Studien aus Birmingham und London haben aufgezeigt, daß derartige Rückenschmerzen haltungsbedingt sind. Begreiflich, daß eine PDA nicht nur Wehenschmerzen betäubt, sondern auch jene Schmerzen, die aus einer falschen Körperhaltung entstehen. Ziemlich unwahrscheinlich ist, daß eine Entspannung in warmem Wasser dieselbe

Gegenüber: *Das Neugeborene tauscht das eine wäßrige Element mit dem anderen.*

Stellen Sie sich einmal vor, Sie wollen beurteilen, wie effektiv ein Geburtsbecken bei der Behandlung schmerzhafter Wehen in der Eröffnungsphase ist. Aus offensichtlichen Gründen kann Ihre Studie nicht doppelblind sein – und wie steht es mit der Placebo-Kontrolle und der Zufallsauswahl? Sicher würden viele Frauen ihre Teilnahme an einer solchen Studie verweigern, wenn man ihnen erklärt, daß es von einem Los abhängt, ob sie ins Wasser dürfen oder nicht. Und selbst wenn eine kleine Freiwilligengruppe zustande käme, was würde gemessen? Die Enttäuschung derjenigen, die sich nicht vorstellen konnten, wie stark sie sich während der Wehen zum Wasser hingezogen fühlen würden? Die Erleichterung derer, die während der Wehen am liebsten in Ruhe und allein gelassen werden wollen? Wie können für beide Gruppen dieselben Bedingungen von Ungestörtheit hergestellt werden? Ungestörtheit ist subjektiv und läßt sich schwer abschätzen.

Die Wirksamkeit eines Bades auf den Geburtsvorgang zu beurteilen, ist ein echtes Problem für alle, die wissen, wie stark sich eine Frau während der Wehen zum Wasser hingezogen fühlen kann und wie wichtig bei der Geburt der Schutz der Intimsphäre ist. Trotzdem ist ein gewisses Maß an Forschung unerläßlich. Ein erster Schritt besteht darin, ungefähr die Zahl der Wasser-Anwenderinnen festzustellen, um die Einzelfälle, über die in den Medien berichtet wird, in einen statistischen Rahmen zu rücken. Das könnte man landesweit durchführen. Inzwischen gibt es auf der ganzen Welt Hunderte von Kliniken, in der Geburtsbecken angeboten werden. Ihre Effektivität läßt sich auch mit indirekten Methoden beurteilen. Man kann zum Beispiel in einer bestimmten Klinik Schwankungen im Medikamentenverbrauch und der Anzahl medizinischer Eingriffe in Beziehung setzen zu Zeiten, in denen ein Geburtsbecken zur Verfügung stand oder nicht. Eines der bemerkenswertesten Phänomene im Zusammenhang mit den Geburtsbecken an der Klinik in Pithiviers war der allmähliche Schwund von Medikamenten oder anderen Methoden zur Schmerzlinderung. Als eine Hebamme einmal ein bekanntes Schmerzmittel verabreichen wollte, mußte sie es von der Zentralapotheke des Krankenhauses kommen lassen, weil es auf der Entbindungsstation nicht mehr benutzt wurde!

Vor der Mitte der 70er Jahre wandte ich bei Rückenschmerzen, die viele Frauen während der Wehen bekommen, oft eine Lumbal-Reflextherapie an, bei der die Haut unter der untersten Rippe durch Injektionen sterilen Wassers stimuliert wird. Die Wirkungsweise ist wahrscheinlich dieselbe wie bei der Impulsstrombehandlung mit TENS-Geräten: Der vorübergehende Oberflächenschmerz durchkreuzt den großen Schmerz, der von der Gebärmutter ausgeht. Nach der Einweihung unserer Geburtsbecken konnten wir die Lumbal-Reflextherapie vergessen.

Es wäre heute von Interesse, den Medikamentenverbrauch ver-

schiedener Entbindungsstationen zu vergleichen. Es geht um einen Vergleich von Wasseranwendung und Medikamenten oder vielmehr um einen Vergleich ihrer Nebenwirkungen, da Wasser als Ersatz für Medikamente gelten kann. Wir stehen in der Geschichte der Geburtshilfe an einem Punkt, an dem wir neue Gründe erkennen, warum wir die physiologischen Prozesse so wenig wie möglich stören sollten. Seit dem Beginn der 90er Jahre häufen sich Studien über die Langzeitwirkung von Medikamenten, die während der Wehen eingesetzt wurden. Zum Beispiel untersuchte der Schwede Bertil Jacobson die Drogenabhängigkeit von Teenagern und Erwachsenen im Zusammenhang mit Medikamentengaben während der Geburt. Seine Studien zeigten, daß die Kinder von Müttern, die während der Wehen bestimmte Medikamente erhielten, mit größerer Wahrscheinlichkeit drogensüchtig wurden. Der Keim für Drogenanfälligkeit wird offensichtlich bereits bei der Geburt gelegt.

Es gibt auch zahlreiche Studien über die Nebenwirkungen von Periduralanästhesien (PDA). Diese bieten sich zum Vergleich mit Wasseranwendungen geradezu an, da heute oft beide Möglichkeiten konkurrieren. Wieviele Frauen würden wohl ihre Bitte um eine PDA vergessen, wenn ihnen eine Hebamme, die sich im Umgang mit Wasser sicher fühlt, im richtigen Moment ein Bad im Geburtsbecken anbietet? Heute ist bekannt, daß eine PDA den Bedarf nach weiteren Medikamenten zur Wehenstimulation erhöht, ebenso die Anzahl der Zangengeburten und Kaiserschnitte. Wir wissen sogar, warum die PDA eine Belastung für das Ungeborene darstellen kann. Während einer längeren PDA kann die Körpertemperatur von Mutter und Kind steigen; dabei liegt die Körpertemperatur des Babys ohnehin schon um 1° höher als die der Mutter. Einer britischen Studie zufolge liegt bei fünf Prozent der Babys während einer PDA die Temperatur über 40°. Das ist besorgniserregend, weil der Fötus Hitze schlecht regulieren kann. Bei hoher Körpertemperatur braucht er mehr Sauerstoff und ist daher gefährdeter. Auch wenn die Mutter zu heiß badet, kann der Fötus überhitzen. Das war vermutlich der Grund für die Unfälle bei den Wassergeburten in Bristol, über die in den Medien ausführlich berichtet wurde. In einem Fall war das Wasser im Geburtsbecken 39,7° heiß. In Pithiviers habe ich mich stets vergewissert, daß die Wassertemperatur die Körpertemperatur der Mutter nicht überschreitet.

Heute kennen wir auch das erhöhte Risiko chronischer Rückenschmerzen bei Müttern nach einer PDA. Studien aus Birmingham und London haben aufgezeigt, daß derartige Rückenschmerzen haltungsbedingt sind. Begreiflich, daß eine PDA nicht nur Wehenschmerzen betäubt, sondern auch jene Schmerzen, die aus einer falschen Körperhaltung entstehen. Ziemlich unwahrscheinlich ist, daß eine Entspannung in warmem Wasser dieselbe

Wirkung haben könnte. (Übrigens besteht die beste Behandlung von haltungsbedingten Rückenschmerzen, die ich kenne, aus wiederholtem, langem Baden in warmem Wasser.) Eine weitere Langzeit-Nebenwirkung der PDA ist womöglich ein erhöhtes Risiko von Streß-Inkontinenz. Nach einer dänischen Studie leiden drei Monate nach der Geburt ihres ersten Kindes 27 Prozent der Mütter mit PDA an Streß-Inkontinenz, ohne PDA nur 13 Prozent. Nach einem Jahr ist das Verhältnis 7 Prozent zu 3 Prozent. Das ist ein signifikanter Unterschied, doch der Bericht zieht lediglich den Schluß: »Eine Periduralanästhesie schützt nicht (vor Streß-Inkontinenz) …«

Die Forschungsmöglichkeiten zum Thema Wasser sind endlos. Man könnte die Erfahrungen, die Frauen in Geburtsbecken gemacht haben, auswerten, und vielleicht wäre es aufschlußreich, runde blaue Becken mit rechteckigen weißen oder solchen aus Plexiglas zu vergleichen. Solche Studien werden zweifellos bald veröffentlicht. Dann haben wir ein Gegengewicht zum Nocebo-Effekt in der Hand (lateinisch: »ich werde schaden«), der eintritt, wenn ein Arzt sich gegen die Überzeugungen eines Patienten stellt und ihm damit mehr schadet als nützt. Der Nocebo-Effekt ist das negative Gegenstück zum Placebo-Effekt; der Begriff wurde eingeführt, als Patienten eines klinischen Versuchs glaubten, sie bekämen nicht die wirksamen Präparate, und dadurch negativ beeinflußt wurden. Zwar sind in der medizinischen Fachliteratur noch wenig relevante Artikel zum Nocebo-Effekt erschienen, doch wurde vor kurzem in den USA eine wichtige Studie darüber durchgeführt. Verglichen wurden 28 000 Todesfälle von Amerikanern chinesischer Abstammung mit vielen Tausend Todesfällen von Amerikanern kaukasischer Herkunft. In der traditionellen chinesischen Medizin herrscht die Überzeugung, daß das Schicksal eines Menschen vom Jahr seiner Geburt beeinflußt wird. Zum Beispiel ist jemand, der 1907 geboren ist (einem Feuerjahr), anfällig für Herzerkrankungen. Die Forscher kamen zu dem Schluß, daß Amerikaner chinesischer Abstammung früher sterben, wenn sie mit der chinesischen Medizin glauben, Krankheit sei durch ihr Geburtsjahr schicksalhaft bedingt.

Leider werden Ärzte nicht geschult, den Nocebo-Effekt zu vermeiden. Zuweilen können sie großen Schaden anrichten, vor allem während der Schwangerschaft und Geburt, wenn Frauen emotionaler reagieren und verletzlicher sind. Die Hausgeburt zum Beispiel wird stark vom Nocebo-Effekt beeinflußt (außer in Holland). Wenn eine Frau ihr Baby gern zu Hause bekommen möchte, wird ihr Arzt sie höchstwahrscheinlich mit den Risiken bombardieren und Fragen stellen wie: »Was machen Sie, wenn …?«, oder gar: »Warum wollen Sie das Leben Ihres Kindes aufs Spiel setzen?«

Ein weiteres Beispiel für den Nocebo-Effekt ist die Diagnose einer nicht existenten Krankheit wie »Schwangerschaftsdiabetes«.

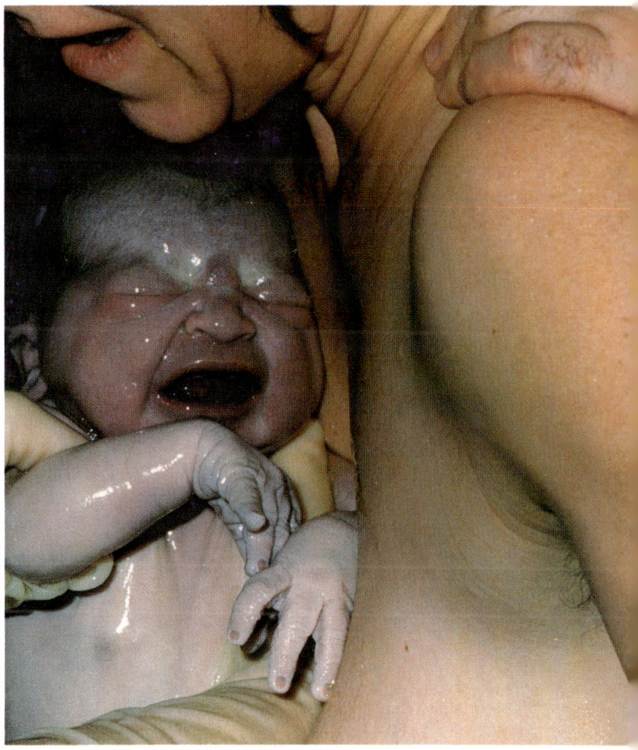

Gegen Ende der Schwangerschaft las Betty über die schmerzlindernden Eigenschaften von Wasser und bestellte am King's College Hospital, wo sie entbinden wollte, ein Geburtsbecken.

Das klingt furchterregend, ist aber nichts weiter als eine vorübergehende Beeinträchtigung der Zuckerverträglichkeit. Hinweise dazu lassen sich leicht in die Ernährungsempfehlungen integrieren, die jede Schwangere erhält, und in die Empfehlungen über belastungsfreie Sportarten wie Schwimmen. Der britische Epidemiologe R. J. Jarrett bezeichnet Schwangerschaftsdiabetes als »Fiktion«, in einer amerikanischen Fachzeitschrift (*American Journal of Obstetrics and Gynecology*) sprach man von der »Diagnose, die immer noch nach einer Krankheit sucht«. Der Nocebo-Effekt des Begriffs Schwangerschaftsdiabetes wurde nie systematisch untersucht, ist aber sicher beträchtlich.

Wenn es um Wassergeburten geht, schwankt man zwischen Placebo und Nocebo, je nachdem, mit wem man spricht. Einerseits wirkt die Begeisterung der Mütter, Hebammen und sogar einiger Ärzte, die positive Erfahrungen mit dem Geburtsbecken gemacht haben, ansteckend, andererseits sprechen diejenigen ohne solche Erfahrungen meist nur von den Risiken. Wird zum Beispiel die Anwendung von Wasser bei der Geburt unter Ärzten diskutiert, kommt als erstes fast immer die Frage nach Infektionen. Wer dagegen schon reichlich Erfahrungen mit Wassergeburten gesammelt hat, vergißt oft, das Thema überhaupt zu erwähnen, einfach weil die Vorfälle so selten sind. Das bestätigt eine neue Statistik der großen Entbindungsstation des Hillingdon Hospital im Westen Londons: Vor Ende 1993 wurden 418 Babys unter Wasser geboren. Nur drei davon mußten wegen verschiedener Infektionen auf die Säuglings-Intensivstation gebracht werden, weniger als der erwartete Durchschnitt.

Tatsächlich läßt sich theoretisch begründen, warum ein Baby, das in einer Klinik unter Wasser geboren wird, vielleicht einen stärkeren Schutz genießt als ein unter »normalen Umständen« geborenes. Wir wissen, daß ein Neugeborenes frei von Keimen ist, doch ein paar Stunden nach der Geburt besiedeln Milliarden von Keimen seinen Darm, den Mund, die Nase usw. Wir wissen auch, daß ein Neugeborenes dieselbe Menge und Art von Antikörpern (IgG) im Blut besitzt wie seine Mutter. Mit anderen Worten: Es gibt für ein Neugeborenes vertraute, »freundliche« Keime, aber auch fremde und möglicherweise gefährliche. Die spannende Frage lautet: Welche Keime kommen als erste zum Zug? Denn die ersten werden das Territorium beherrschen. In einer Klinik, wo es von einer Vielzahl von Mikroben wimmelt, bietet eine Unterwassergeburt eine gewisse Sicherheit, daß das Baby als erstes vertrauten und freundlichen Keimen begegnet. Panikmache wegen Infektionen bei Wassergeburten sollte daher als Nocebo betrachtet werden.

Wir können nur hoffen, daß sich die Medizinerausbildung bald mit den Placebo-, Halo- und Nocebo-Effekten auseinandersetzen wird. In Amerika ist man schon auf dem richtigen Weg: Die neue Ärztegeneration wird für das Patientengespräch oft mit Hilfe von

Rollenspielen vorbereitet. Ein Student erklärt dabei etwas einem Patienten, der in Wirklichkeit ein professioneller Schauspieler ist. Diese Gespräche werden auf Video aufgenommen und anschließend diskutiert.

Zum Verständnis der Wassergeburt kann auch die Arbeit der Physiologen beitragen. Wir wissen zum Beispiel, daß beim Eintauchen in warmes Wasser komplexe biologische Vorgänge ausgelöst werden, wie ein merklicher Abfall des Blutdrucks. Bei Frauen wurde der Spiegel von Hormonen wie Renin, Aldosteron, Angiotensin, Vasopressin und Dopamin gemessen, allerdings nicht bei Gebärenden. Es wäre aufschlußreich, wenn auch schwierig, den Adrenalinspiegel zu messen. Dieses Hormon wird in bedrohlichen Situationen ausgeschüttet, in denen wir entweder kämpfen oder fliehen müssen. Mit anderen Worten: Eine Frau hat eine schwere Geburt, wenn sie Angst hat oder der Raum kalt ist. Hat eine Frau andererseits eine einfache und schnelle Geburt, bedeutet das, daß ihr Adrenalinspiegel niedrig ist – sie ist entspannt, eher passiv und hat nicht das Bedürfnis nach Bewegung. Entspanntheit ist mit einem niedrigen Adrenalinspiegel gleichzusetzen, aber messen läßt er sich bei einer Frau, die während der Wehen in warmem Wasser liegt, nicht zuverlässig, weil er bei einer Blutentnahme sofort hochschnellt. Vielleicht werden in der Zukunft indirekte, nicht belastende Meßmethoden entwickelt; im Moment können wir nur vermuten, daß der Spiegel von Adrenalin und verwandten Hormonen sinkt, wenn sich eine Frau während der Wehen in angenehm temperiertes Wasser legt.

Jeder Fortschritt im Verständnis physiologischer Prozesse ist willkommen; vielleicht sollten wir unsere Begriffe genauer definieren. Das Wort »physiologisch« bezieht sich auf »normale« Körperfunktionen, doch genau genommen bedeutet es nicht »normal«, oder daß Körpervorgänge immer in genau derselben Weise ablaufen sollten. Es bezeichnet nur einen Bezugspunkt, von dem wir uns nicht allzu weit entfernen dürfen, ohne Nebenwirkungen zu riskieren. Erinnern wir uns, daß die griechische Göttin Nemesis den Menschen bestraft hat, weil er lieber Gott spielte.

Täglich entdecken wir neue Langzeitfolgen unserer Entfernung von der Physiologie der Geburt. Mehrere Forscher haben bereits eine Verbindung zwischen Geburten mit medizinischen Eingriffen verschiedener Form und der Tendenz zum Selbstmord im Teenageralter hergestellt. In Industrieländern ist die Suizidrate Jugendlicher in den letzten zehn Jahren dramatisch angestiegen. Einzige Ausnahme ist Holland – das Land, in dem der Geburtsvorgang so wenig wie möglich gestört wird.

Man kann den Anstieg der Selbstmorde unter Jugendlichen nicht interpretieren, ohne zu erforschen, wie sich die Fähigkeit zur Eigenliebe entwickelt. Die Fähigkeit, sich selbst zu lieben, ist die Grundform aller Liebe.

Eine Mutter hält ihr Baby nach der Wassergeburt in der Klinik von Pithiviers.

8 Liebe, Geburt und Wasser

Daß Liebe, Geburt und Wasser zusammenhängen, wird allmählich Ihr Unterbewußtsein erreichen, wenn Sie Jessicas Aufnahmen betrachten; lassen Sie sie auf Ihre Gefühle wirken. Worte dagegen sprechen den Intellekt an; meine Aufgabe ist es daher, die Zusammenhänge klarzumachen.

Zwischen Liebe und Geburt wurde schon lange vor dem Anbruch der wissenschaftlichen Ära ein Bezug hergestellt. Nehmen wir die Gestalten, deren Namen wir mit Liebe verbinden, wie Venus, Buddha und Jesus: Die Umstände ihrer Geburt gelten als entscheidend. Bei anderen Berühmtheiten dagegen – Politikern, Schriftstellern, Künstlern, Wissenschaftlern, Musikern, Unternehmern, Geistlichen – beginnen die Biographien oft mit Details aus der Kindheit und Erziehung. Bedeutet dieser Unterschied, daß die Geburt ein entscheidender Zeitpunkt für die Entwicklung unserer Liebesfähigkeit ist?

Die Biologie kann uns heute Antworten auf diese Frage geben. Schauen wir uns ein Baby an, das soeben zur Welt kam. Wenn seine Geburt so physiologisch wie möglich war, ist die Mutter wahrscheinlich aufrecht; vielleicht sitzt oder kniet sie am Boden. Sie sieht ihr Kind an, das immer noch zwischen ihren Beinen liegt. Erst berührt sie es zaghaft mit den Fingerspitzen, dann wird sie kühner und nimmt es in die Arme. Betrachten wir Mutter und Baby mit den Augen eines Biologen.

Während zwischen Mutter und Kind eine große Nähe entsteht, sind noch die Hormone wirksam, die die beiden während des Geburtsvorgangs produziert haben. Wenn wir die Eigenschaften der verschiedenen Hormone, die beim Geburtsprozeß beteiligt sind, und die Zeit bis zu ihrem Abbau betrachten, werden wir feststellen, daß jedes dieser Hormone bei der Interaktion zwischen Mutter und Baby eine bestimmte Rolle zu spielen hat.

„In manchen südafrikanischen Stämmen glauben die Frauen, daß ihre Samen dann keimen, wenn sie sich in einem Regenschauer niederlegen. Und die Bewohner der südpazifischen Trobriand-Inseln nahmen an, daß der sexuelle Verkehr den Körper einer Frau für die Befruchtung lediglich vorbereitete und sie ihr Baby dann empfing, während sie im Meer badete. Man dachte, die Kinder kämen vom heiligen Seetang, der im Wasser trieb.

Viele von uns finden diese Geschichten vielleicht kitschig, aber sind sie uns wirklich so fremd? Denken Sie doch nur an die vielen Paare, die sich im Urlaub am Meer kennenlernen und verlieben, oder die unter dem Einfluß von Sonne, Sand und Wasser tatsächlich ihr erstes Kind zeugen.

Die Befruchtung erfolgt in der Regel etwa zwölf Stunden nach dem Verkehr. Die DNS-Stränge von Ei und Samen strecken sich einander entgegen, bis sie sich berühren. Bei ihrer Verschmelzung entsteht neues Leben. Sieht man die Ähnlichkeit zwischen den DNS-Strängen und dem heiligen Seetang oder dem Fruchtwasser und dem Meer, dann erscheint der Glaube der Insulaner nicht mehr ganz so merkwürdig.“

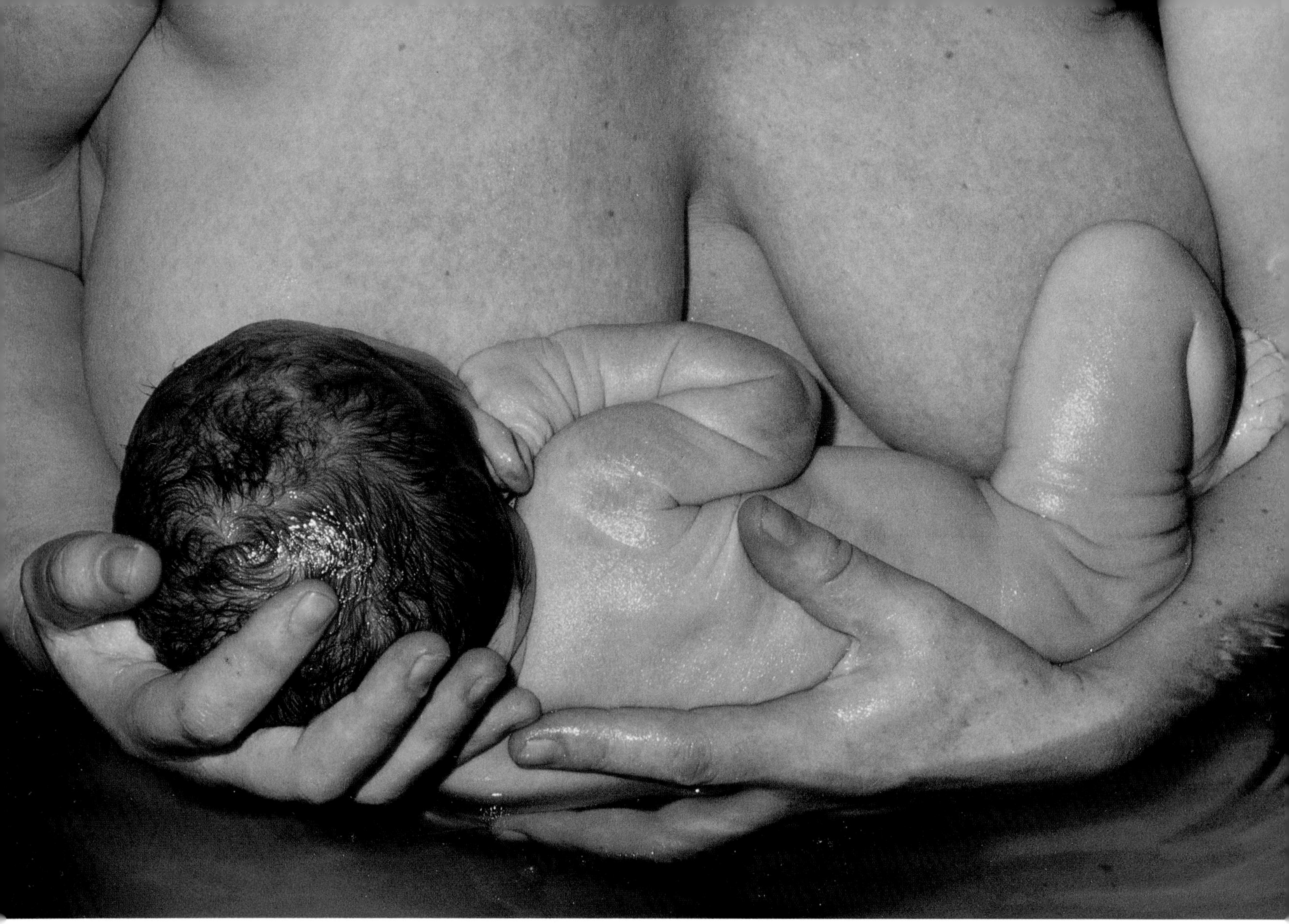

„Ich habe mehrere Wassergeburten miterlebt und glaube, daß diese Methode, ein Baby zur Welt zu bringen, sanft und liebevoll ist. Die Frauen, die ins Wasser steigen, scheinen sich augenblicklich entspannter zu fühlen und sind mehr bei sich – eine ungeheure Erleichterung auch für ihre Partner, denen es oft sehr zu schaffen macht, die Schmerzen der Frau, die sie lieben, miterleben zu müssen. Bei keiner der Geburten, bei denen ich anwesend war, wurden Medikamente eingesetzt. Die Frauen hatten also immer selbst Kontrolle über ihren Körper und ihre Empfindungen, was sich auf sie und ihre Kinder eindeutig positiv auswirkt."

Oben und gegenüber: *Eine Mutter schaut ihr Baby an, das sie gerade geboren hat. Sie nimmt es in die Arme und hält es dicht an ihre Brust geschmiegt. Während Mutter und Baby so innig zusammen sind, wirken die Hormone weiter, die während des Geburtsvorgangs produziert wurden.*

Um für die Geburt wirksame Gebärmutterkontraktionen auszulösen und aufrechtzuerhalten, mußte die Mutter das Hormon Oxytozin produzieren. Direkt nach der Geburt erreicht der Oxytozinspiegel seinen Höhepunkt. Das ist bedeutsam, weil Oxytozin mütterliches Verhalten auslösen kann.

Wir wissen jetzt, daß in den Minuten nach der Geburt die morphiumähnlichen Hormone noch nicht abgebaut sind, die Mutter und Kind während des Geburtsvorgangs produziert haben. Seit langem kennen und nutzen wir die Haupteigenschaften von Opiaten: Sie erzeugen Gewohnheiten und Abhängigkeiten. Wenn also Mutter und Baby in der Stunde nach der Geburt einander nahe sein können, entsteht zwischen ihnen Bindung und eine Abhängigkeitsbeziehung.

Ebenfalls am Geburtsprozeß beteiligt sind Hormone der Adrenalingruppe. Adrenalin spielt bei den Wehen eine komplexe Rolle; während der allerletzten Wehen einer physiologischen Geburt kommt es zu einem Adrenalinstoß und dem von mir so bezeichneten »Fötus-Ausstoßreflex«. In diesem Moment richten sich die Frauen meist auf, wollen sich an etwas oder jemandem festhalten und bersten vor Energie. Andere Anzeichen für einen plötzlichen Adrenalinstoß sind erweiterte Pupillen oder das Bedürfnis, ein Glas Wasser zu trinken. Wir wissen heute, wie Adrenalin den Kontraktionen einen letzten kurzen Schub gibt; im Moment der Geburt ist der mütterliche Adrenalinspiegel hoch und normalisiert sich erst nach etwa 15 Minuten wieder.

Das kann für das Überleben der Spezies vorteilhaft sein, da die Mutter über genügend Energie und Aggression verfügt, um ihr Neugeborenes zu beschützen. Wenn Sie versuchen, einem Säugetier-Weibchen sein neugeborenes Junges wegzunehmen, wird sich die Mutter heftig dagegen wehren. Sie hat einen starken »mütterlichen Schutz- und Aggressionsinstinkt«.

Parallel dazu hat das Baby große Mengen adrenalinverwandter Hormone produziert, bis zum 15fachen des Normalwerts. Das macht sich vor allem darin bemerkbar, daß das Neugeborene wach ist und mit großen Augen und weiten Pupillen in die Welt schaut. Mütter sind von den Augen ihrer Neugeborenen fasziniert. Mutter und Baby stellen meist sofort Blickkontakt her, offensichtlich ein sehr wichtiger Moment in der Beziehung zwischen Mutter und Kind.

Lange vor diesen Erkenntnissen über die hormonelle Konstellation zwischen Mutter und Baby in der Stunde nach der Geburt haben Verhaltensforscher, die den Bindungs-Prozeß bei Tieren studierten, eine entscheidende, sensible Phase unmittelbar nach der Geburt festgestellt. Diese Generation von Studien begann mit Konrad Lorenz. Er entdeckte, daß frisch geschlüpfte Gänseküken, vor denen er langsam herging, ihm überallhin folgten, als wäre er ihre Mutter. Diese Bindung blieb bei den Gänsen lebenslang bestehen. Natürlich kann die Existenz einer solchen sensiblen Phase beim Menschen nicht so klar demonstriert werden, denn das Verhalten des Menschen ist in den Rahmen seiner Kultur eingebunden. Doch auch wenn die Wirkung bei einzelnen Individuen einer bestimmten Kultur schwierig aufzuspüren ist, liefert uns die moderne Biologie genügend Daten, um zu vermuten, daß auch beim Menschen die erste Stunde nach der Geburt wahrscheinlich entscheidend für die Mutter-Kind-Bindung ist. Weiter können wir vermuten, daß sich die Auswirkungen nur auf gesellschaftlicher Ebene zeigen.

Im wissenschaftlichen Kontext der 90er Jahre sollten uns Bedenken kommen über die radikale Art, mit der wir beim Geburtsprozeß in das hormonelle Gleichgewicht zwischen Mutter und Kind eingreifen können. Jedesmal, wenn während der Wehen ein Medikament eingesetzt wird, ersetzt es ein Hormon und hemmt damit die Produktion einer natürlichen Substanz. An die Stelle des Hormons Oxytozin zum Beispiel tritt häufig ein Tropfen eines synthetischen Ersatzstoffes, Schmerzmittel oder eine Periduralanästhesie ersetzen die Endorphine. Eine Frau, die während der Wehen dank PDA fernsieht, produziert nicht dieselben Hormone wie eine Frau, die ihr Baby aus eigener Kraft zur Welt bringt. Wir müssen dringend das Potential nicht-pharmakologischer Methoden erforschen.

Die Bedeutung der kritischen Phase in der Zeit um die Geburt entgeht einem leicht, wenn man sie unabhängig von den

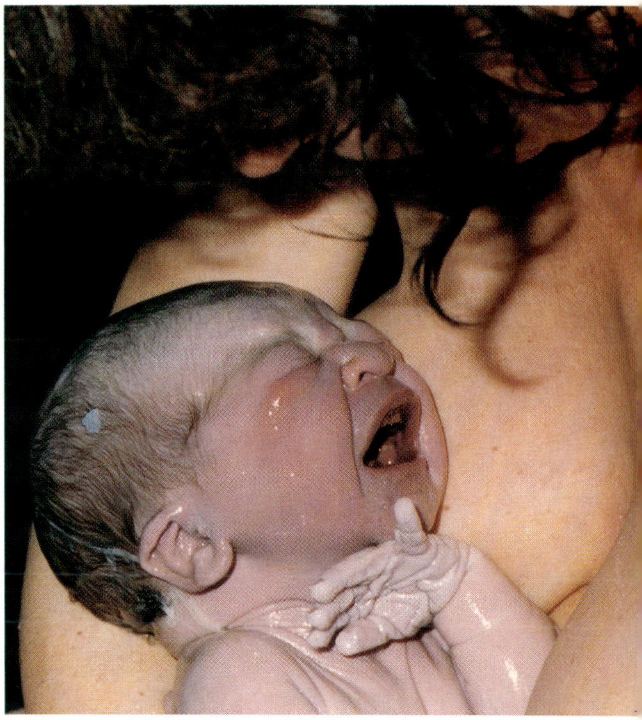

› Ein weiterer Vorteil der Wassergeburt ist die Nacktheit der Frau – nichts schränkt ihre Bewegungen ein, und sie kann genußvoll das Wasser auf ihrer Haut spüren. (Wenn Sie jemals nackt geschwommen sind, wissen Sie, welch sinnliches Vergnügen das ist.) ‹

„Wenn das Baby schließlich aus dem warmen, schützenden Leib der Mutter kommt, findet es sich in einer Umgebung wieder, die der ersten ähnlich ist. Dann wird es behutsam hochgehoben und von seiner Mutter liebevoll umarmt. Zwischen den beiden nackten Körpern entsteht sofort Kontakt, das warme Wasser schließt sich sanft um den Po des Kindes und die Brust der Mutter. Die Atmosphäre ist ruhig und friedvoll, die Mutter scheint den Schmerz, den sie gerade erlitten hat, sofort zu vergessen, und schaut nur noch ihrem Baby tief in die Augen. Winzige Händchen erkunden die unmittelbare Umgebung und greifen in die Luft, bevor sie auf der Brust der Mutter zur Ruhe kommen. Das Neugeborene dreht sein Köpfchen zur Mutter hin, findet eine Brustwarze und beginnt zu saugen."

anderen Bereichen des Sexuallebens erforscht. Stets sind dieselben Hormone aktiv, immer wieder tauchen dieselben Muster auf. Insbesondere das Hormon Oxytozin wird sowohl bei Frauen als auch bei Männern jedesmal ausgeschüttet, wenn Liebe ins Spiel kommt; es kann also nicht nur als Auslöser mütterlichen Verhaltens gleich nach der Geburt gelten. Seit langem ist auch bekannt, daß Oxytozin nötig ist, um die Brust zu kontrahieren, wenn das Baby daran saugt. Vor kurzem wurden bestimmte Aspekte der Oxytozinproduktion bei der Milchbildung geklärt. Es wurde gezeigt, daß der Oxytozinspiegel einer Mutter ansteigt, sobald sie merkt, daß ihr Kind Hunger hat. Die Muttermilch enthält ebenfalls Oxytozin. Mit anderen Worten: Gestillte Babys nehmen eine gewisse Menge des Liebeshormons auf.

Die Rolle von Oxytozin bei sexueller Erregung und beim Orgasmus konnte ebenfalls vor kurzem beleuchtet werden. Wenn man zum Beispiel Tauben Oxytozin injiziert, beginnen die meisten, im Kreis zu trippeln, sich am Schopf zu packen und sich zu paaren. Jetzt liegen auch Studien über den Oxytozinspiegel beim menschlichen Orgasmus vor. Mary Carmichael von der Standford University maß den Oxytozinspiegel beim Masturbieren und fand heraus, daß bei Frauen der Oxytozinspiegel vor

dem Orgasmus höher ist als bei Männern. Auch in der zweiten Hälfte des Menstruationszyklus ist er höher als in der ersten. Während des Orgasmus erreichen Frauen höhere Werte als Männer. Beim Mann unterstützt die Oxytozinausschüttung während des Orgasmus die Kontraktionen der Prostata, bei der Frau die Kontraktionen des Uterus, wodurch der Transport der Spermien zum Ei erleichtert wird. Die moderne Physiologie wirft damit neues Licht auf den Orgasmus der Frau. Nachdem er von den meisten Kulturen völlig ignoriert worden ist, wird ihm heute eine Rolle bei der Fortpflanzung zugesprochen.

Wenn wir zu all diesen Fakten noch berücksichtigen, daß bei einem gemeinsamen Essen mit Freunden ebenfalls unser Oxytozinspiegel steigt, müssen wir zu dem Schluß kommen, daß Oxytozin ein Hormon der Liebe ist. Der Mensch kann wahrscheinlich trainieren, dieses Liebeshormon schon sehr früh zu produzieren – noch im Mutterleib. Zum Beispiel wurde bei Ultraschalluntersuchungen beobachtet, daß männliche Babys beim Daumenlutschen eine Erektion bekommen können. Ebenfalls ist wahrscheinlich, daß Ungeborene durch ihre eigene Hormonproduktion die Wehen mit auslösen können.

Nicht nur ein altruistisches Hormon wird beim sexuellen Erleben produziert, sondern auch Endorphine, die sowohl Lusthormone als auch natürliche Schmerzmittel sind. Alle Säugetiere produzieren beim Geburtsvorgang Endorphine. Die Daten, die uns heute zur Verfügung stehen, verändern radikal die Grundlage der Debatten, die vor 40 Jahren häufig geführt wurden: Ist der Wehenschmerz physiologisch oder das Ergebnis kultureller Konditionierung?

Die Rolle der Endorphine beim Geburtsprozeß läßt sich nicht verstehen, ohne den Bezug zu anderen Episoden unseres Sexuallebens herzustellen. Jedesmal, wenn wir (Säugetiere) etwas tun, was für das Überleben unserer Art notwendig ist, werden wir mit Endorphinen belohnt, mit Hormonen, die auch Lustgefühle auslösen. In der modernen Physiologie lassen sich Schmerz und Lust nicht voneinander trennen. Beim Lieben werden beide Partner mit hohen Dosen von Endorphinen belohnt, und viele, die an Migräne leiden, wissen sehr gut, daß sexueller Verkehr ein natürliches Heilmittel gegen Kopfschmerzen ist.

Daher verwundert es nicht, daß das Belohnungssystem auch bei der Milchbildung einsetzt, die ebenfalls für das Überleben von Säugetieren notwendig ist. Wenn eine Frau stillt, erreicht ihr Endorphinspiegel nach 20 Minuten einen Höhepunkt. Auch das Baby wird belohnt, da in der Muttermilch ebenfalls Endorphine enthalten sind. Deshalb wirken manche Säuglinge nach dem Stillen wie berauscht. Da während der Wehen, bei der Milchbildung und beim Lieben dieselben Hormone produziert werden, überrascht es nicht, daß immer schon die Stimulation der Brust-

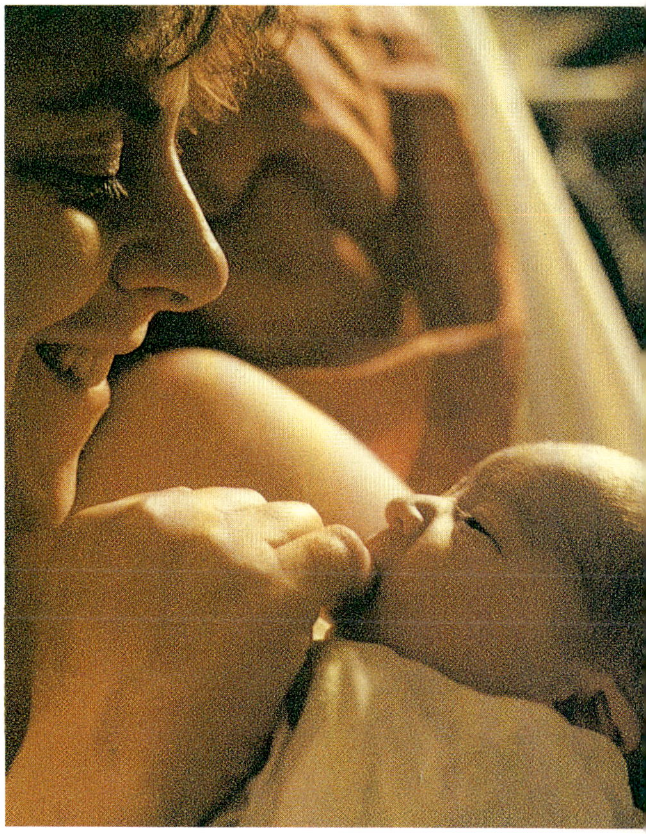

Nach der Geburt stellt sich rasch Blickkontakt zwischen Mutter und Baby ein.

Wasser spielt auch nach der Geburt weiter eine wichtige Rolle im Bindungs-Prozeß und bei der Babypflege, die stark mit liebevollen Gefühlen verbunden ist. Das Ritual des Badens ist eine Zeit großer Intimität, in der die Eltern mit ihrem Kind schmusen und ihm ungeteilte Aufmerksamkeit schenken können.

warzen, der Klitoris und sexueller Verkehr als Mittel benutzt wurden, um den Geburtsvorgang einzuleiten oder zu erleichtern.

In den verschiedenen Bereichen unseres Sexuallebens sind nicht nur dieselben Hormone aktiv, es werden auch ständig die gleichen Muster und Abläufe wiederholt. Zum Beispiel produzieren beim sexuellen Verkehr beide Partner Endorphine und Oxytozin. Die Bindung zwischen den Sexualpartnern scheint das Muster der Mutter-Kind-Bindung zu reproduzieren. Das erlaubt uns, zwischen dem Orgasmus des Mannes und dem Geburtsvorgang eine Parallele zu ziehen. Beim männlichen Orgasmus folgt auf eine passive Erektionsphase der »Samen-Ausstoßreflex«, der von Nerven kontrolliert wird, die auf Adrenalin als Botensubstanz ansprechen. In beiden Fällen – bei der Geburt und beim männlichen Orgasmus – gibt es eine kurze Endphase, die aktiv, heftig und sogar aggressiv abläuft. Bei vielen Arten neigt das männliche Tier bei der Ejakulation zur Aggressivität und beißt das Weibchen womöglich.

Beim Menschen stellt die stimulierende Wirkung von Wasser eine weitere Gemeinsamkeit zwischen den verschiedenen Bereichen unseres Sexuallebens her. Nicht nur bei der Geburtsarbeit kann Wasser Hemmungen abbauen helfen – die erotische Seite des Wassers ist bekannt und wird gezielt genutzt. Restaurants zum Beispiel schaffen oft mit einem Aquarium, einem Springbrunnen oder Meeresbildern eine entspannende Atmosphäre. Traditionelle Flitterwochenziele wie Venedig oder die Niagarafälle leben von der harmonischen Stimmung am Wasser. Alle Kunstformen, von der Malerei, Dichtung, Fotografie bis zur Musik, haben sich der Wasserromantik bedient. Man könnte Bände füllen mit Untersuchungen, wie Film und Werbung die erotischen Kräfte des Wassers nutzen, oft auf sublime Weise.

Viele stillende Mütter und Gruppen wie La Leche League kennen die Kräfte des Wassers und wissen, wie hilfreich unter bestimmten Umständen sein Plätschern und Rauschen sein kann. Es erleichtert zum Beispiel das Saugen und verstärkt den Milchfluß. In der Stillzeit scheint Wasser auch ein hervorragendes Medium zu sein, um die emotionale Bindung zwischen Baby und Erwachsenem zu fördern. Das ist besonders den Schwimmlehrern aufgefallen, die sich auf Babyschwimmen spezialisiert haben, und ist einer der Gründe, warum die Mutter die erste Schwimmlehrerin sein sollte.

Wenn wir Sexualität als Ganzes betrachten, ergeben sich weitreichende Folgen. Wir verstehen dann besser, daß die routinemäßige Totalüberwachung des Geburtsvorgangs, wie sie in den meisten Kulturen gang und gäbe ist, wahrscheinlich auch andere Seiten unseres Sexuallebens beeinflußt. Und in Gesellschaften, in denen die genitale Sexualität unterdrückt wird, haben die Frauen weniger Chancen auf eine leichte Geburt.

Viele neue Fragen entstehen, wenn wir die Liebesfähigkeit und ihre Entwicklung aus wissenschaftlicher Sicht betrachten. Wenn die Zeit um die Geburt von solcher Bedeutung ist, interessiert es um so mehr, daß die meisten Kulturen Vorwände gefunden haben, um beim ersten Kontakt zwischen Mutter und Baby dazwischenzutreten, und das Bedürfnis nach Ungestörtheit ignorieren.

Es sieht so aus, als stellten sich die meisten Kulturen dem beschützerisch-aggressiven Instinkt der Mutter in der entscheidenden Phase nach der Geburt entgegen. Durch die Überlieferung von Ritualen und Überzeugungen ist es in solchen Kulturen immer gelungen, das Neugeborene statt in die Arme seiner Mutter in die einer anderen Person zu legen. Die extremste, in vielen Kulturen anzutreffende Begründung dafür ist, das Kolostrum sei nutzlos oder sogar gefährlich, während wir heute wissen, daß diese dicke Substanz, die das Baby bereits in der Stunde nach seiner Geburt aus der Brust saugen kann, außerordentlich kostbar ist. Ergebnis solcher Überzeugungen und Rituale ist die Trennung von Mutter und Neugeborenem, dem Dinge wie Kräutertee, Zuckerwasser, Getreide, Honig, Knochenmark, Kuhmilch oder Butter verabreicht werden. Doch es gibt auch Ausnahmen, und zwar immer in Gruppen, die dieselbe seltene Überlebensstrategie verfolgen: Ein Leben in perfekter Harmonie mit dem Ökosystem. Das ist zum Beispiel bei den Efe-Pygmäen im Tropenwald Zaires der Fall, oder bei den Jackwash im peruanischen Teil des Amazonasdschungels. Sie müssen die höchste Form der Liebe entwickeln, die Liebe zur Natur, die Achtung vor Mutter Erde.

Alle Liebe hängt also zusammen: die Liebe zu sich selbst, deren Gegenteil Suizidverhalten ist, die Elternliebe, die Liebe zwischen Sexualpartnern, die Liebe zu »deinem Nächsten«, die Liebe zur Menschheit und die Liebe zu Mutter Erde und zum Leben schlechthin.

Wenn wir vom heutigen Stand der Wissenschaft aus eine neue Sicht von der Liebe zum Leben in all ihren Formen gewonnen haben, erscheint uns auch die nonverbale Botschaft in neuem Licht, die uns vor zwei Jahrtausenden einer gab, dessen Mission die Liebe war. Er wurde außerhalb der menschlichen Gesellschaft unter Tieren geboren, was nahelegt, daß wir unter bestimmten Umständen unsere Tiernatur akzeptieren müssen, und daß es Situationen gibt, in die wir nicht zu stark eingreifen sollten. Aber um seine Mission zu vollenden, brauchte Jesus noch mehr – er mußte im Wasser des Jordan wiedergeboren werden. Wenn diese nonverbalen Botschaften das Grundlegende waren, was Christus uns mitzuteilen hatte, dann sind sie an uns vorbeigegangen, und das Christentum hatte nie eine Chance. Ist es jetzt zu spät?

› Die Geburt scheint eine der wenigen Instinkthandlungen zu sein, die uns immer noch mit der Natur verbinden. Wenn wir unseren Kindern den bestmöglichen Start ins Leben geben können, der nicht unbedingt aus einer perfekten materiellen Ausstattung besteht, dann werden wir alle, als ›Menschengeschlecht‹ insgesamt, vielleicht eines Tages die Bedeutung von Liebe und des Respekts vor der Lebenskraft begreifen, von der wir alle abhängen. ‹

Gegenüber: *Endorphine sind die Hormone der Lust. Wenn eine Frau stillt, werden Endorphine in hohen Mengen erzeugt. Auch das Baby wird belohnt, da diese Hormone in die Muttermilch übergehen, was wahrscheinlich erklärt, warum viele Babys unmittelbar nach dem Stillen wie berauscht wirken.*

9 Wasser – ab der Geburt bis zum Tod

Gegenüber: *Zwar sieht man bei Babys besonders deutlich, wie gut ihnen Wasser tut, doch fördert es das Wohlbefinden von Menschen jeden Alters. Schwimmen ist die einzige Art der Bewegung, die wir ab der Geburt bis zum Tod ausüben können.*

Ich bekam die Gelegenheit, ganz am Ende seines Lebens den Schauspieler Laurence Olivier kennenzulernen. Noch als alter, kranker und schwacher Mann konnte er sich eine gewisse Kondition bewahren, weil er täglich im Pool seines Landhauses schwamm. Viele ältere Menschen entdecken, daß sie sich, auch wenn ihre Gelenke noch so abgenutzt sind, im Wasser immer noch mit Leichtigkeit bewegen können. Schwimmen ist die einzige körperliche Aktivität, die ab der Geburt bis zum Tod möglich ist; sie dürfte auch die einzige sein, die den Alterungsprozeß verzögern kann.

Der Mensch bezahlt für den aufrechten Gang einen hohen Preis. Der Verschleiß beginnt an der Wirbelsäule; die ersten Anzeichen zeigen sich schon bei manchen 18jährigen. Die als Stoßdämpfer dienenden Bandscheiben, die aus einer Außenschicht und einem Kern aus dicker Gallerte bestehen, nutzen sich als erstes ab. Jedesmal, wenn wir bei bestimmten Sportarten Gelenke beanspruchen, auf denen viel Gewicht lastet – zum Beispiel beim Laufen oder Springen –, wird Druck auf die Bandscheiben ausgeübt. Dann neigen sie dazu zusammenzuschrumpfen; die Gallerte wird dabei herausgepreßt. Allmählich werden die Bandscheiben flacher, und ab dem frühen Erwachsenenalter werden wir kleiner. Bei weiterer Abnutzung entwickeln die Bandscheiben Risse und Höcker und drücken auf die empfindlichen Bänder der Wirbelsäule oder sogar auf Nervenenden. Kein Wunder, daß Kreuzschmerzen so verbreitet sind. Die Degeneration der Wirbelsäule läßt sich erheblich verzögern, wenn Sie Schwimmen zu Ihrer Hauptsportart machen. Dabei sind die Bandscheiben von Druck befreit, können Körperflüssigkeit aufsaugen und die Wirbel wieder auseinanderschieben. Bei einem akuten Hexenschuß hilft am besten heiß zu baden – so oft wie möglich, so heiß wie möglich und in möglichst viel Wasser, das das Körpergewicht trägt. Nach einem Hexenschuß und bei chronischen Kreuzschmerzen stellt sich die widersprüchliche Aufgabe, Rücken- und Bauchmuskeln zu stärken und gleichzeitig die Wirkung der Schwerkraft zu reduzieren. Bei Übergewicht bedeutet das: abnehmen. Es bedeutet auch, daß Schwimmen die geeignetste Sportart ist. Zu empfehlen ist Rückenschwimmen, um ein gutes Gleichgewicht zwischen den Hauptgruppen der Rumpfmuskulatur herzustellen.

Im 20. Jahrhundert hat sich die Bewertung von Sport und Bewegung oft geändert. Als erstes wurde der gesundheitliche Nutzen erkannt, wobei verschiedene Aspekte im Vordergrund standen: Herz, Gefäße und Lungen, das Nervensystem, die Knochendichte, die Blutzusammensetzung, die Muskelentwicklung und ästhetische Gesichtspunkte. Später galt als Nonplusultra Aerobic: kurze und intensive Aktivität, bei der Puls und Atmung beschleunigt werden.

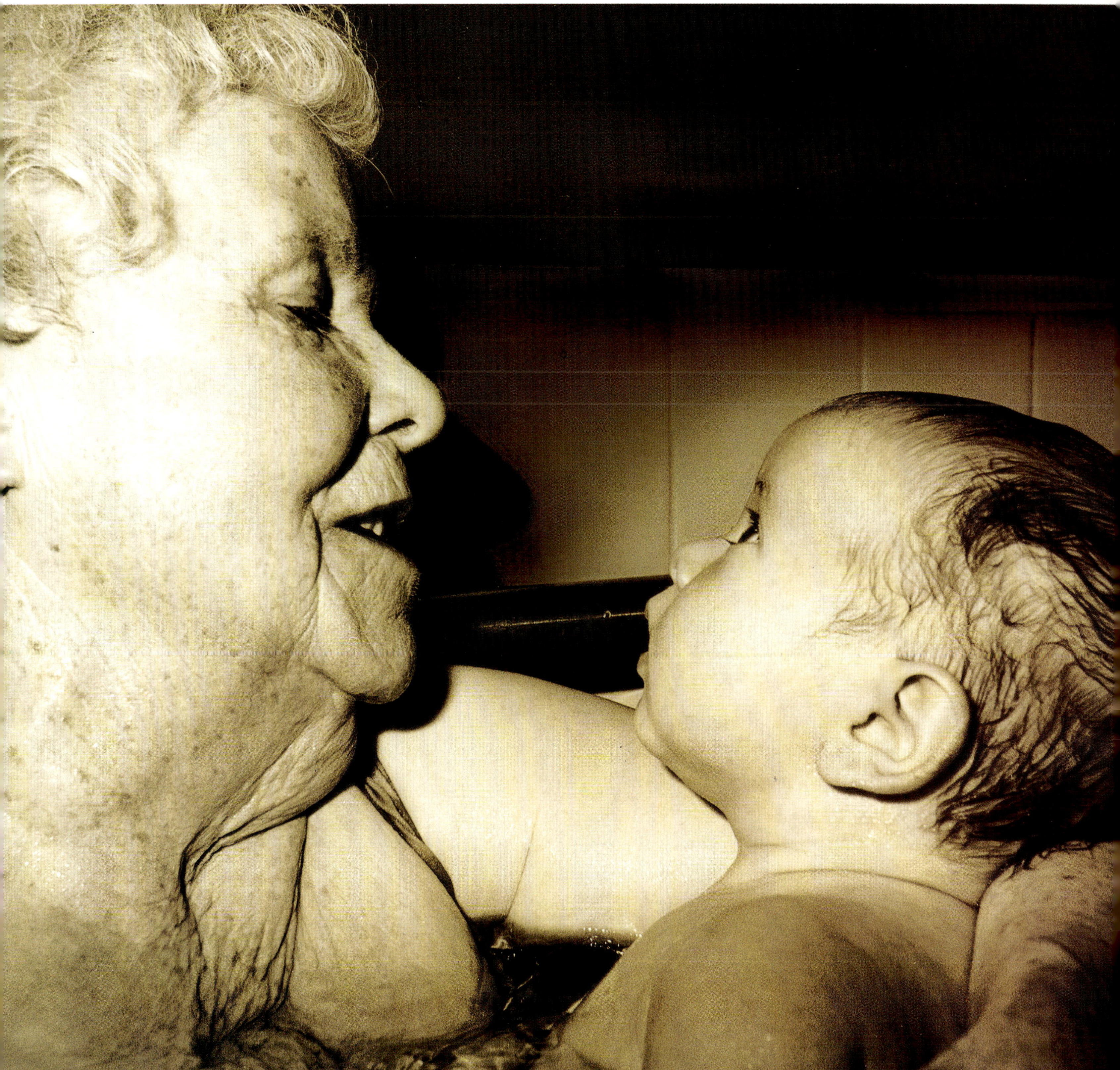

Hydrotherapiebecken mit konstant warmem Wasser sind für ältere Menschen zum Schwimmen ideal.

Heute haben wir die negativen Auswirkungen angestrengter körperlicher Aktivität erkannt. Wir wissen, wie empfindlich unsere gewichttragenden Gelenke wie Hüften und Knie wirklich sind: Sie nutzen sich rascher ab, wenn wir sie oft und intensiv beanspruchen (eine Grundregel der Mechanik). Die glänzende, glatte Knorpelkuppe wird abgewetzt, so daß der Knochen darunter freiliegt und sich dann verhärtet. Die Beweglichkeit wird eingeschränkt, weil die Gelenkkapsel Schrammen bekommt und die Oberfläche der Knochen uneben ist. Bei kleineren Verletzungen kann sich Flüssigkeit ansammeln, die umgebenden Muskeln verkümmern, so daß das Gelenk unstabil und anfälliger für Verletzungen wird. Ursache für die Schmerzen in abgenutzten Gelenken können kleinere Risse in der Knochenoberfläche, Schäden in der Kapsel oder Schäden an den Bändern sein, meist jedoch sind es Muskelverkrampfungen.

In den 60er Jahren, als ich noch als Chirurg arbeitete, habe ich oft die »Voss-Operation« durchgeführt, die den Druck auf ein degeneriertes Hüftgelenk eliminieren sollte. Erst mußten wir die Sehnen aller Muskeln durchtrennen, die sich in einem schmerzhaften Dauerkrampf befanden. Dann mußte der Patient mehrere Wochen im Bett liegen, wobei seine Beine ständig in Zugvorrichtungen hingen, um jeden Druck auf die Hüfte zu vermeiden. Mit den künstlichen Hüftgelenken geriet diese Operation in Vergessenheit. Rückblickend ist sie vor allem deshalb interessant, weil sie drastisch zeigte, wie Druck die gewichttragenden Gelenke verschleißt.

Eine groß angelegte finnische Studie über 2448 männliche Sportler hat den Zusammenhang zwischen der Überlastung von Gelenken und Osteoarthritis aufgezeigt. Die Sportler wurden mit einer Kontrollgruppe verglichen, die im Alter von 20 Jahren für militärtauglich erklärt wurden. Diese Männer wurden zwischen 1970 und 1990 beobachtet, vor allem auf die Fälle hin, die mit Hüft-, Knie- oder Knöchelarthrose eine Klinik aufsuchten. Die Studie belegte eindeutig, daß Leistungssportler mit Sportarten wie Boxen, Leichtathletik und Gewichtheben einem höheren Risiko der vorzeitigen Erkrankung gewichttragender Gelenke ausgesetzt sind. Von Schwimmen ist in der Studie nicht die Rede – offenbar wurde implizit angenommen, daß Schwimmen eine ganz besondere Bewegungsform ist. Anders als andere Sportarten erlaubt es sowohl entspannende als auch wirklich aerobe Bewegung.

Ein weiterer Vorteil dieser einzigartigen sportlichen Betätigung ist, daß einem Schwimmer keine Gefahren wie Ermüdungsbrüche drohen, die in vielen anderen Sportarten häufig vorkommen. Beim Tennis zum Beispiel kann man einen Haarriß in einem Fußknochen oder unteren Wirbel lange verschleppen, bevor man etwas davon merkt.

Wir Menschen zahlen einen hohen Preis für den aufrechten Gang. Als erstes degeneriert in unserem Körper die Wirbelsäule.

Gegenüber: *Viele ältere Menschen entdecken, daß sie sich im Wasser immer noch mit Leichtigkeit bewegen können, auch wenn ihre Gelenke durch Verletzungen und Verschleiß stark geschädigt sind.*

Sport kann Asthmaanfälle auslösen, vor allem bei Kindern und jungen Erwachsenen; allerdings ist man heute der Meinung, daß Bewegung einem Asthmatiker mehr nützt als schadet. Natürlich wird kein vernünftiger Mensch einem Asthmatiker, bei dem körperliche Anstrengung Anfälle auslöst, einen Sport wie Fußball empfehlen. Ideal wären ungefährliche Sportarten wie Schwimmen, Wasserpolo und Tauchen. Anstrengungsasthma ist unter Schwimmern so gut wie unbekannt. Der Hauptgrund dafür ist die Wärme und Feuchtigkeit der Luft, die beim Schwimmen eingeatmet wird. Grundsätzlich gilt für alle, die an humanspezifischen Krankheiten leiden – Krampfadern, Hämorrhoiden, Leistenbruch und Fettleibigkeit –, daß sie schwimmen können, ohne befürchten zu müssen, ihr Leiden zu verschlimmern.

10 Die Heilkräfte des Wassers

Oben: *Die Römer waren von den Heilkräften des Quellwassers überzeugt und gründeten viele Badeorte in ganz Europa.*

Gegenüber: *Eine heilige Quelle, bei der viele Opfergaben dargebracht wurden, von Zinngefäßen bis zu Goldmünzen.*

Schwimmen kann den Alterungsprozeß unserer Wirbelsäule, unserer Gelenke, unseres Herzens, unserer Gefäße, unserer ganzen Person verlangsamen. Aber auch das Wasser selbst hat Heilkräfte.

Wenn wir krank sind, sind wir wie kleine Kinder: Wir brauchen jemanden, der uns pflegt, eine Mutter oder eine Ersatzperson. Und weil wir alle Kinder des Wassers sind, können wir auch Hilfe beim Wasser suchen, der symbolischen Mutter. Überrascht es wirklich, daß dem Wasser schon immer Heilkräfte zugeschrieben wurden?

Eine japanische Legende erzählt, ein weißer Reiher hätte den ersten Besucher, einen wandernden Gott, zu den berühmten heißen Tokarangawa-Quellen geführt. Heiße und kalte Quellen spielen in der traditionellen Medizin vieler Kulturen eine wichtige Rolle. Chinesen wie Indianer kannten ihre Heilkräfte, und in der griechischen Antike wurden die Tempel des Aesculap, des Gottes der Medizin, meist in der Nähe von Quellen erbaut, die für ihre Heilkräfte bekannt waren. Auch die Römer glaubten an

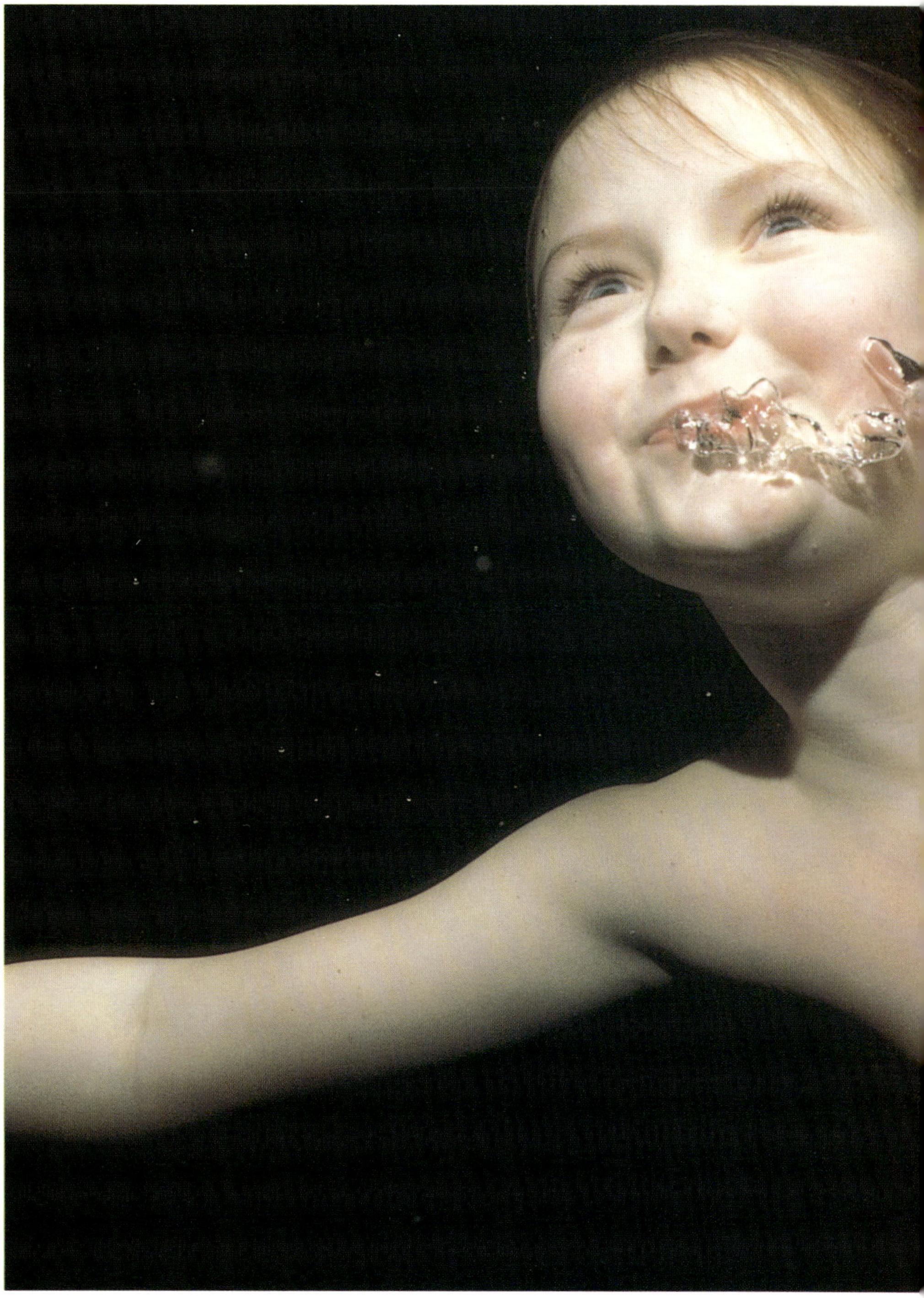

den hohen Wert von Quellwasserkuren und gründeten in Europa viele Heilbäder, zum Beispiel Trier mit den Kaiser- und Barbarathermen.

In den 50er Jahren, als ich in Paris Medizin studierte, war ich überzeugt, daß sich meine Studentengeneration als letzte mit den Thermalquellen herumplagen müßte. Bei den enormen Fortschritten der Pharmakologie und Chirurgie wurde den Heilbädern der sichere Niedergang vorausgesagt. Eingetreten ist das Gegenteil. Heilbäder haben überall auf der Welt einen ungeahnten Aufschwung erlebt.

In Frankreich haben sich nicht nur Reiz und Ruf der alten Badeorte erhalten, es sind auch neue Thalassotherapiezentren entstanden, in denen Meerwasser therapeutisch eingesetzt wird. In Deutschland gibt es über 150 Heilbäder mit jährlich etwa

Kinder, die früh mit Wasser in Berührung kommen, profitieren ihr ganzes Leben lang davon. Junge Schwimmer entwickeln kräftige Lungen und ein gesundes Atmungssystem.

sechs Millionen Besuchern; Wasserkuren haben hier dank Pfarrer Kneipp eine besondere Tradition. Ungarn hat einen großen Reichtum an Thermalquellen, vielleicht der Grund, warum dieser Teil Mitteleuropas seit prähistorischen Zeiten besiedelt ist. Seine Thermalbäder waren schon zu den Zeiten der Römer beliebt, im Mittelalter wurde dann in Buda das erste Thermal-Hospital gegründet, danach renovierten die Türken die ältesten Bäder, und heute gelten die Thermalquellen Budapests als führend in der Welt. In den meisten europäischen Ländern übernehmen die Krankenkassen die Kosten einer Badekur. In Japan sind die »Onsen«, die etwa 2000 heißen Quellen, äußerst beliebt. In den USA gibt es allein im Hot Spring National Park über 300 Hotels, die jährlich etwa eine Millionen Besucher aufnehmen können.

Rechts: *Bäder waren Orte der Gesundheit und der Geselligkeit.*

Gegenüber: *Sarah aalt sich im Wasser und genießt die Bewegungsfreiheit, die es ihr schenkt.*

Zur Begründung der Wirksamkeit von Heilquellen werden von der Medizin meist Dinge wie die Zusammensetzung der Mineralsalze oder Gase angeführt, die Temperatur oder Radioaktivität des Wassers oder sonstige physikalische Eigenschaften, wie die Dichte und Menge von Schlammstoffen. Die Ärzte schreiben die Heilwirkung von Badekuren mittlerweile vor allem dem zeitweiligen Umgebungswechsel und Abstand von den Alltagssorgen zu. Selten ist vom Wasser selbst die Rede, oder von dem mächtigen Einfluß, den Symbole auf unsere Psyche und damit auf unsere Gesundheit haben.

Die Badekur ist nicht die einzige Form der Wasseranwendung. Psychiatrie und Psychotherapie kennen den Heileffekt von Bädern und feuchten Wickeln, und bei manchen Therapieformen wird durch Untertauchen ein Zustand tiefster Regression hervorgerufen und genutzt. Autistischen Kindern hilft Wasser, Kontakte zu ihrer Umwelt herzustellen. Die heilkräftige Wirkung des Wassers wurde auch von Candido Jacuzzi eingesetzt, der den Whirlpool erfand, um die rheumatische Arthritis seines Sohns zu behandeln.

Wasser ist ein mächtiges Element der Natur, das Leben spenden, es aber auch zerstören kann.

Wasser kann auf subtile Weise wirken; aus der Farbtherapie ist bekannt, daß Blau und Türkis innere Ruhe erzeugen, und manche Therapeuten nutzen auch die Heilwirkung von Sand – daß Wasser und Sand zusammengehören, versteht sich von selbst.

Nur in der Sexualtherapie und -forschung scheint die Wirkung von Wasser unbekannt. Die führenden Forscher auf diesem Gebiet erwähnen die erotischen Kräfte des Wassers, obwohl sie seit Jahrhunderten genutzt werden, mit keinem Wort.

Wasser hat sich jedoch als Methode der Geburtserleichterung etabliert. Aber nur selten wird ihm der Status eines Heilmittels zugesprochen, das viele Frauen unserer Zivilisation, die ihre Fähigkeit zu gebären teilweise verloren haben, je nach kultureller Prägung mehr oder weniger dringend brauchen. In Industrieländern kommt es dabei auch auf den Einfluß der jeweils herrschenden Geburtspraktiken an. In New York zum Beispiel wurde 1933 bei 20 Prozent der Geburten operativ eingegriffen (damals meist mit Zangen), in Schweden bei 3,2 Prozent, in Holland nur bei 1 Prozent. Medizinische Geburtseingriffe waren den Frauen in Amsterdam im Gegensatz zu jenen in New York wahrscheinlich gänzlich unbekannt.

Vielleicht spielen tief verwurzelte Erinnerungen als »Prägungen« eine Rolle. In dem Maße, wie in den Industrieländern die Fähigkeit, ohne Hilfe von außen ein Kind zur Welt zu bringen, von Generation zu Generation abnimmt, steigt die Tendenz, die Rolle der Medizin zu überschätzen. Können die Magie und die mystischen Kräfte des Wassers den Teufelskreis durchbrechen?

Es ist müßig, die Heilkräfte des Wassers von seinen magischen Kräften, die in allen Religionen genutzt wurden, zu trennen. In den meisten Gesellschaften sind Religion und Medizin eng verbunden. Der Schamane war immer religiöser Führer und Heiler zugleich. Erinnern wir uns, daß Christus erst nach seiner Taufe im Jordan zum Heiland wurde.

Diese Einheit von Religion und Medizin bekommt in einer Zeit, in der die Heilkraft des Glaubens wissenschaftlich erforscht wird, neuen Sinn. Der Placebo-Effekt ist im Grunde nichts anderes als die Macht des Glaubens.

Schwimmen kann den allgemeinen Alterungsprozeß aufhalten, doch auch das Wasser selbst besitzt Heilkräfte.

11 Mensch und Delphin

› Meine Begegnung mit Delphinen fand in Israel statt, am Dolphin Reef in Eilat. Lauren und ich hatten die Organisatoren schon 1993 kennengelernt, als sie die ›Dive Show‹ in Birmingham besuchten. Sie interessierten sich für unser Projekt und erlaubten uns, bei ihnen zu photographieren.

Das Dolphin Reef ist eine etwa 10 000 m² große Meeresfläche mit einer Wassertiefe bis 16 m. Der Bereich ist durch Netze vom offenen Meer abgegrenzt. Dort wurden sieben Tümmler angesiedelt – fünf kamen aus dem Schwarzen Meer (mit Hilfe der Sowjetischen Akademie der Wissenschaften), einer aus Japan, ein Junges wurde dort geboren. ‹

Unten und gegenüber: *Der griechischen Mythologie nach waren Delphine ursprünglich Menschen, die in Städten lebten, bevor sie das Land mit dem Meer vertauschten und Fischgestalt annahmen.*

Nicht nur das Wasser hat geheimnisvolle, mystische Kräfte, auch seine Bewohner. Die Beziehung zwischen Mensch und Delphin ist so alt wie die Geschichte und geht quer durch die Kulturen. Wie ist sie zustande gekommen?

Ihre Wurzeln liegen vielleicht in der traditionellen Zusammenarbeit beim Fischen. Bis vor kurzem waren in Mauretanien die Delphine regelrechte Verbündete der Fischer, denen sie beim Einkreisen des Fangs halfen, fast, als hätten beide Parteien ausgehandelt, die Beute zu teilen. Da überrascht es nicht, daß in dieser Kultur das Töten eines Delphins als genauso schweres Verbrechen galt wie der Mord an einem Menschen. Einen ähnlichen Fischerei-Hilfspakt gab es in der Antike am Mittelmeer, nachzulesen bei dem griechischen Autor Oppian und dem Historiker Plinius. Auch die Aborigines an verschiedenen Küstenstrichen Australiens fischen seit Menschengedenken in Eintracht mit den Delphinen. Vielleicht erklärt sich so das Phänomen Monkey Mia, ein Ort an der australischen Westküste, wo Kinder die einzigartige Möglichkeit haben, in seichtem Wasser Schwärmen freundlicher Delphine zu begegnen.

Die Beziehung Mensch-Delphin gründet sich auf gegenseitiges Vertrauen. Mit einem Stoß ihrer kräftigen Schnauze könnten Delphine einen Menschen leicht töten, aber sie tun es nicht. Andererseits zögern sie keinen Moment, einen Hai zu töten, der ein Delphinjunges bedroht.

Delphine greifen Menschen niemals an, im Gegenteil: Sie haben unzähligen das Leben gerettet. 1993 zum Beispiel fuhren zwei Männer und ein Junge in einem Boot von Le Conquet zu einer nahegelegenen kleinen Insel, um dort Muscheln zu sammeln. Zu spät bemerkten sie, daß das Wetter umschlug. Sie versuchten, trotzdem noch in Richtung Nordosten nach Hause zu kommen, aber die See war so rauh, daß das kleine Boot jeden Moment zu kentern drohte. Da tauchte eine Schule von Delphinen auf, die sich an das Boot klammerten, als ob sie ihm Halt geben wollten. Nach einer Weile begannen die Delphine das Boot zur Verwirrung der Männer nach Süden zu schieben, Richtung Camaret. Schließlich wurde die Absicht klar: Die Delphine brachten die Besatzung in ruhigeres Wasser und retteten ihr damit wahrscheinlich das Leben.

Man könnte eine solche Geschichte als reine Erfindung abtun, wenn sich nicht seit jeher auf der ganzen Welt Ähnliches ereignet hätte: Delphine retteten Menschen vor dem Ertrinken und steuerten Schiffe in Sicherheit. Die Berichte darüber sind so unterschiedlicher Herkunft – sie finden sich zum Beispiel in antiken griechischen Texten und in polynesischen Erzählungen –, daß eine geheime Verschwörung zur Irreführung der Leute einfach ausgeschlossen ist.

Welchen Aspekt der Mensch-Delphin-Beziehung wir auch betrachten, die kulturübergreifenden Ähnlichkeiten sind frappie-

rend. An Orten, die auf diesem Planeten nicht weiter auseinanderliegen könnten, gibt es Legenden von Menschen, die sich in Delphine verwandeln, und umgekehrt. Der griechischen Mythologie nach waren die Delphine ursprünglich Menschen wie wir, die in Städten lebten, bevor sie das Land mit dem Meer vertauschten und in die Gestalt von Fischen schlüpften. Die neuseeländischen Maori glauben im Prinzip dasselbe; ihrer Überlieferung nach ist ein Delphin ein »Meermensch«. Ähnlich glauben die Eingeborenen einer Insel im Golf von Carpentaria bei Nordaustralien, daß Menschen und Delphine eine gemeinsame Ahnin haben: die Mutter Ganadja, die eines Tages Menschengestalt annahm. Die Eingeborenen einer anderen Insel im selben Golf nennen sich das »Delphinvolk« und glauben, ihr Schamane sei

“Lauren und ich sollten mit einem Team von drei Tauchern arbeiten: Mosheko, der Lauren mit Luft versorgte, Yair, der mich versorgte, und Naomi, die mit den Delphinen arbeitete und sie anlocken half.

Es war wichtig, vor dem Photographieren mit den Delphinen Bekanntschaft zu schließen, also stellten wir uns erst einmal vor. Wir schwammen eine Weile und genossen das Meer, konnten aber keine Delphine sehen. Nach einer Weile hörte ich ein Klickgeräusch, und plötzlich waren wir von Delphinen umzingelt. Sie stürzten sich zwischen uns, verschwanden dann, nur um wie der Blitz wieder aufzutauchen. Erst als ich die Tiere aus dieser Nähe sah, wurde mir bewußt, wie riesig sie waren, und welche enorme Kraft sie besaßen.

Die Delphine waren in Spiellaune, und als wir uns entspannten und dem Spiel hingaben, streckte ich die Arme aus, berührte und streichelte sie. Mich erfüllte ein Glücksgefühl, als ich ihre porzellanglatte Haut unter meinen Fingern spürte.

Und dann waren sie weg. Das Spiel war vorbei. Mit strahlenden Gesichtern kehrten wir zum Ufer zurück.”

ein Delphin, der sich für die Wiedergeburt als Mensch entschieden hat. Diese auffallende Verbindung Schamane-Delphin gibt es in vielen Kulturen. Allgemein sind Delphine immer als göttliche Wesen oder göttliche Führer des Menschen verehrt worden. Solche Mythen verdienen aufgrund ihrer voneinander unabhängigen Ursprünge um so stärkere Beachtung.

Das uralte und anscheinend universale Interesse an Delphinen zeigt, daß die momentane Delphin-Faszination keine vorübergehende »Welle« ist. Natürlich wird sie von den Kampagnen gegen moderne Fischereipraktiken, die den Fortbestand der Delphine gefährden und weltweite Proteste auslösen, weiter geschürt. Auch leidet die Menschheit kollektiv an einem schlechten Gewissen, weil sie tiefverwurzelte moralische Regeln verletzt.

❛ Mit Delphinen schwimmen und spielen ist eine Sache – sie zu photographieren etwas ganz anderes. Erst mußte ich im Hintergrund bleiben, da Lauren ihre Aufmerksamkeit auf sich lenken wollte. Dann gab es eine Menge technischer Hürden zu überwinden. Eines unserer Hauptprobleme war der häufige Mangel an Interesse bei den Delphinen – es war, als wüßten sie, daß wir arbeiten wollten und nicht spielen.

Der Erfolg des Dolphin Reef ist zum großen Teil dem Prinzip zu verdanken, daß die Delphine dort nur freiwillig Kontakt mit dem Menschen aufnehmen, ausgenommen beim Training. Bei Annäherungen gibt es keine ›Belohnung‹ durch Füttern. Die Delphine haben einen Privatbereich, in den kein Schwimmer oder Taucher eindringen darf; häufig ziehen sie sich dorthin zurück.

Das Training mit den Delphinen findet viermal täglich statt. Die Trainer steigen auf Floße, die nur durch Boote zugänglich sind; die Zuschauer stehen am Pier. Die Vorführung dauert etwa eine halbe Stunde, und zwischen den Sprüngen werden die Delphine gefüttert. Die Trainer spielen jedoch die Bedeutung des Futters für die Beziehung zum Menschen herunter. ❜

❛ Während Lauren und ich immer vertrauter mit den Delphinen und den Menschen wurden, die im Dolphin Reef arbeiteten, fiel mir die positive Ausstrahlung dieses Orts immer stärker auf. Seine Energie schien uns zu erfüllen und hob unsere Stimmung.

Diese positive Energie, die die Delphine verbreiten, war jahrelang Gegenstand sorgfältiger Forschung. Das Dolphin Reef selbst wurde zum Zentrum der Arbeit mit Menschen, die an Behinderungen aller Art leiden, wie Down Syndrom, Gehirnlähmung, Depression und Autismus. Wer hierher kommt, hat nichts zu erwarten als die Freiheit, die das Wasser schenkt, und die Berührung mit den Delphinen; aber die Wirkung ist groß. Ich habe die Freude selbst erlebt und konnte den engen Kontakt zwischen Lauren, die vor kurzem einen persönlichen Verlust erlitten hat, und einem bestimmten Delphin beobachten. Wunderbar der Gedanke, daß Delphine Menschen helfen können, die in ihrem Leben mit enormen Schwierigkeiten fertigwerden müssen. ❜

Am spektakulärsten zeigt sich die heutige Delphin-Faszination in dem Wunsch, mit diesen Tieren zu schwimmen. Amanda Cochrane und Karena Allen beschreiben, wie das »außergewöhnliche Erlebnis, mit wilden Delphinen zu schwimmen, – eine Faszination (auslöste), die sich bei uns beiden fast zur Besessenheit steigerte«. Auch andere haben mit ihrer Beziehung zu Delphinen breites Interesse geweckt, zum Beispiel der französische Taucher Jacques Mayol, Hauptdarsteller im Film *Im Rausch der Tiefe*, und international bekannte »Delphin-Leute« wie Estelle Myers und John Hunt. Der Wunsch, zwischen Delphinen zu schwimmen und zu tauchen, erfuhr Verstärkung von verschiedenen Seiten: Büchern von Experten wie John Lilly und Horace Dobbs, Fernsehsendungen, den Gegnern von Delphinarien und nicht zuletzt von Reiseveranstaltern, die die Zeichen der Zeit erkennen.

Delphinen in ihrer natürlichen Umgebung zu begegnen, ist eine neue Form des Tourismus, der in Orten wie Kaikoura in Neuseeland einen Aufschwung erlebt. Immer mehr Menschen und Delphine nehmen an diesen Begegnungen teil, die von Veranstaltern organisiert werden, nachdem sie die nötige Erlaubnis der Regierung eingeholt haben. Die Strategie dieser Veranstalter baut auf der Arbeit des Delphin-Experten Wade Doak auf. Wichtigster Schritt ist das Herstellen einer vertrauensvollen Beziehung zwischen einem Team und einer Gruppe von Delphinen durch regelmäßige Treffen, bei denen stillschweigend Regeln festgelegt werden und das Interesse durch kreatives Spielen geweckt wird. In Kaikoura arbeitete man als erstes mit Schwarzdelphinen, inzwischen auch mit Tümmlern und Hector-Delphinen. Begeg-

nungen mit wilden Delphinen werden auch auf den Bahamas und in Israel, im Golf von Akaba, organisiert.

Solche Begegnungen beschränken sich nicht auf Tourismus und Urlaub, sondern können auch therapeutisch genutzt werden. 1972 beobachtete Dr. Henry Truby von der World Dolphin Foundation in Key Biscayne, Florida, daß Kinder mit neurologischen Behinderungen außergewöhnlich gut auf den engen Kontakt mit frei schwimmenden Delphinen reagierten. Gleichzeitig stellte Betsy Smith, eine Autismus-Expertin an der Universität Florida, unerwartet positive Interaktionen zwischen einem gewöhnlich aggressiven, störrischen Jungdelphin und einem geistig zurückgebliebenen Erwachsenen namens David fest. Während der Delphin sanft, geduldig und aufmerksam wurde, watete David, der am Wasser immer äußerst vorsichtig war und sich nur langsam an neue Reize gewöhnte, sofort ins Wasser und begann, mit dem Delphin zu reden, ihn zu streicheln und mit ihm zu spielen.

Dr. Truby, Betsy Smith und ein weiterer Autismus-Experte haben gemeinsam ein Forschungsprojekt durchgeführt. Sie wählten dazu eine tiefe künstliche Bucht an einem Kanal in Key Largo, von wo aus die Delphine ins Meer zurückkehren konnten, wann sie wollten. Hier hatten autistische Teenager die Gelegenheit, mit Delphinen zusammenzutreffen. Die Jugendlichen blieben entweder auf einer Plattform, wo die Delphine um sie herum spielten, oder sie stiegen selbst ins Wasser. Als erstes beobachteten die Forscher, daß die Delphine ihre Bemühungen, Kontakt zu den autistischen Kindern herzustellen, beharrlich

Oben und gegenüber: *Lauren hat sich sehr schnell mit dem Delphin Cindy angefreundet.*

Das Dolphin Reef ist ein bemerkenswerter Ort. Zwar ist es ein kommerzielles Unternehmen, und die Delphine leben in Gefangenschaft, doch speziell diese Tiere wurden aus harten Lebensumständen gerettet. Man sieht, daß sie glücklich sind (Delphine pflanzen sich normalerweise in Gefangenschaft nicht fort), geliebt und gut versorgt werden.

Natürlich wird es ein großer Tag sein, wenn kein Delphin mehr in Gefangenschaft leben muß. Bis dahin bieten Orte wie das Dolphin Reef eine sanftere Lösung. Mit etwas Glück wird die dortige Arbeit den Besucher zur Einsicht führen, daß der nächste Delphin, den er sieht, ein freier Delphin sein sollte.

fortsetzten und freundlich und fröhlich blieben, auch wenn keine Reaktion kam, was normale Haustiere nicht tun würden.

Ebenfalls in den 70er Jahren wurde Horace Dobbs, ein britischer Delphin-Enthusiast, auf die plötzliche Heilung eines Rettungsboots-Mechanikers aufmerksam, der kurz vor dem Nervenzusammenbruch stand und mit einem Delphin schwamm. Ein paar Jahre später fiel Dobbs während der Führung einer Gruppe, die einem Delphin begegnen wollte, auf, daß der Delphin die meiste Zeit mit einem Mann verbrachte, der herzkrank war und an starken Depressionen litt. Nach mehreren ähnlichen Beobachtungen gründete Horace Dobbs eine Reihe von Projekten, darunter die »Operation Sonnenblume«, deren Ziel es war, »sanfte und ethisch vertretbare Methoden zu erforschen, um die Heilkraft der Delphine zu nutzen, ohne sie auszubeuten und in ihr natürliches Leben einzugreifen«.

In einem anderen Projekt versucht der Amerikaner Dr. David Nathanson, mit Delphinen und Musik die Aufmerksamkeit geistig zurückgebliebener Kinder zu gewinnen. Ein solches Programm würde jedoch die Dressur der Delphine erfordern. Hier stellen sich ethische Fragen, von deren Beantwortung die Zukunft der Delphintherapie abhängt.

Delphine sind verspielte und neugierige Geschöpfe. Wer sich einige Zeit in ihrer Nähe aufhält, wird ein tiefes Wohlgefühl empfinden – vielleicht, weil Delphine immer zu lächeln scheinen?

Mehrere Theorien versuchen, die Heilkraft der Delphine zu erklären. Man hat zum Beispiel angenommen, daß Delphine Störungen in subtilen bioenergetischen Feldern spüren und beeinflussen können, oder daß beim Schwimmen mit Delphinen im Gehirn Alpha-Wellen ausgelöst werden, die mit einem heiteren Gemütszustand verbunden sind. Andere Theorien betonen das Heilpotential der von den Delphinen ausgestoßenen Laute, so die Arbeiten des Schwimmlehrers Denis Brousse in Lyon, der ähnliche Laute, wie den Gesang tibetanischer Mönche, einsetzt, wenn er mit behinderten Kindern im Wasser arbeitet.

Wie die Interaktion auch ablaufen mag, die heilende Wirkung der Delphine überrascht kaum und läßt sich vielleicht sogar erwarten, wenn man Altbekanntes berücksichtigt. Zum Beispiel wissen wir, daß es gesundheitsfördernd ist, Initiative zu ergreifen, während der Zustand der Unterwerfung Krankheiten begünstigt. Deshalb hat eine Therapie, die der Patient in eigener Initiative gewählt hat, bessere Chancen.

Das erklärt wohl den Erfolg alternativer Therapien zu einer Zeit, in der Pharmakologie und Chirurgie effektiver sind als je zuvor. Erinnern wir uns an die Elektroschock-Experimente mit Ratten: Was die Ratten krank machte, war nicht die Anzahl oder

Besonders genoß ich die letzte Vorführung des Tages, zu der ich regelmäßig einen der Trainer auf ein Floß begleitete. Dort photographierte ich die Delphine beim Spielen und Springen. Es war wunderbar, die faszinierenden Tiere aus dieser Nähe zu erleben.

Intensität der Schocks, sondern die Tatsache, daß die Tiere nach solchen Schocks weder kämpfen noch fliehen konnten – ihnen blieb nur die Unterwerfung. Wir kennen auch die Heilkräfte des Wassers und die tief verwurzelte, kulturübergreifende Faszination, die Delphine im Gegensatz zu anderen Meeressäugern auf uns ausüben. Wir wissen, daß Delphine fröhliche Tiere sind und daß Fröhlichkeit ansteckt. Außerdem konnten zahllose Studien den positiven Einfluß von Tieren auf unsere Gesundheit zeigen, vor allem, wenn Mensch und Tier einander gut kennen. Diesen Punkt haben mehrere Therapeuten hervorgehoben: Eine »Delphintherapie« scheint erfolgreicher, wenn Delphin und Mensch eine Beziehung aufgebaut haben.

Die freundliche, neugierige Natur der Delphine öffnet unsere Herzen, und wir geben ihnen Menschennamen, wie wirklichen Freunden. Und wenn unsere Beziehung zu Delphinen so persönlich wird, ist das nichts anderes als eine positive Vermenschlichung dieser Tiere.

Der frühe Abend ist im Dolphin Reef eine herrliche Zeit. Die Delphine sind dann meist zum Spielen aufgelegt und springen buchstäblich vor Freude in die Luft.

12 Sind wir Meer-schimpansen?

Oben: *Während viele Landsäuger enge Verwandte im Meer haben, leben unsere Verwandten alle an Land.*

Gegenüber: *Die ersten Versuche eines Babys, eine aufrechte Haltung einzunehmen, zeigen die physische Ähnlichkeit mit unseren Primaten-Vorfahren.*

Wo leben unsere engsten Verwandten? Nach unserem Blick auf die faszinierende, tief wurzelnde Beziehung zwischen Mensch und Delphin überrascht vielleicht die eindeutige Antwort der modernen Wissenschaft: Während viele Landsäugetiere nahe Verwandte im Meer haben, lebt unsere gesamte Verwandtschaft an Land. Soweit die Erkenntnisse der Molekularbiologie, einer Disziplin, die sich in den letzten zehn Jahren stürmisch entwickelt hat. Durch Molekülvergleich können die Biologen heute den genetischen Abstand zwischen zwei Säugetierarten messen und den Grad ihrer Verwandtschaft bestimmen. Außerdem läßt sich sagen, wann sich zwei verwandte Arten von ihrem gemeinsamen Vorfahren getrennt haben.

Egal, nach welcher Methode sie arbeiten oder welche Moleküle sie untersuchen (Zellkern-DNS, Mitochondrien-DNS oder Aminosäuresequenzen von Proteinen), die Molekularbiologen sind sich heute alle einig, daß wir – sozusagen – Schimpansen sind. Mit ihnen teilen wir 98,4 Prozent unseres genetischen Materials. Der Abstand zwischen ihnen und uns ist geringer als der zwischen ihnen und Gorillas. Er ist sogar geringer als der Abstand zwischen zwei bestimmten Gibbon-Arten. Nach neuesten Berechnungen trennten sich Mensch und Schimpanse erst »vor kurzem« von ihrem gemeinsamen Vorfahren, das heißt, vor nicht mehr als sechs bis acht Millionen Jahren.

Beim nächsten Zoobesuch werden Sie wahrscheinlich länger bei den Schimpansen stehenbleiben, sie mit neuem Interesse beobachten und Dutzende auffallender Unterschiede zwischen uns und diesen Affen im Käfig feststellen. (Warum können Laien sofort so viele Unterschiede zwischen zwei Arten erkennen, die Molekularbiologen aber so wenige?) Je weiter der Abstand zwischen uns und den Schimpansen schrumpft, desto interessanter werden die Unterschiede in der Morphologie und im Verhalten, die den Menschen auszeichnen. Ursache für die Unterschiede zwischen zwei genetisch nahe verwandten Arten ist meist die Anpassung an eine andersartige Umgebung – diese einfache Regel wurde durch unzählige Beobachtungen bestätigt. Umgekehrt können genetisch nicht verwandte Tiere viele Gemeinsamkeiten erwerben, wenn sie sich derselben Umgebung anpassen. Ein Beispiel: Amerikanische und europäische Geier sehen sich so ähnlich, daß sie selbst von Zoologen schon verwechselt wurden. Doch die Biologen wissen, daß die amerikanischen Vögel genetisch mit den Störchen verwandt sind, die europäischen aber mit den Habichten. Ihre große Ähnlichkeit beruht auf einem ähnlichen Leben in ähnlicher Umgebung.

Wir wissen, welcher Umgebung die Schimpansen angepaßt sind: Beim gemeinen Schimpansen sind es die Regenwälder Zentralafrikas, beim Zwergschimpansen oder Bonobo die überfluteten Wälder südlich des Kongo. Paradoxerweise liegt es

immer noch im Dunkeln, welcher Umgebung der Mensch ursprünglich angepaßt war. Eine Methode, um den Schleier zu lüften, besteht darin, alle Merkmale, die uns vom Schimpansen unterscheiden, nacheinander zu untersuchen. So ließe sich eine Umgebung erschließen, die mit sämtlichen dieser Merkmale vereinbar ist. Das Fazit dieser Methode: Es gab einmal eine Zeit in unserer Evolution, als wir dem Leben am Rand des Meeres angepaßt waren.

Beginnen wir mit dem interessantesten Unterschied, der Größe des Gehirns: Unseres ist viermal größer als das unseres Cousins. Dafür haben Ernährungswissenschaftler eine Erklärung anzubieten. Seit kurzem ist bekannt, daß eine bestimmte Gruppe ungesättigter Fettsäuren für das Gehirn wesentlich ist, die sogenannten Omega-3-Fettsäuren. Sie haben zwar eine Vorform in grünem Gemüse, kommen selbst aber nur in Muttermilch und Meerestieren vor. Ein großes Gehirn – im Vergleich zu genetischen Verwandten – weist in Richtung Meer. Meeressäuger, vor allem Wale, haben größere Gehirne als ihre Landverwandten. Damit erscheint der Primat *Homo* in neuem Licht. Unser spezifischer Bedarf an Fettsäuren deutet ebenfalls darauf hin, daß wir Primaten sind, die ihre Nahrung lange aus dem Meer gefischt haben. Die moderne Ernährungswissenschaft behauptet sogar, der Mensch könne nicht völlig gesund sein, ohne gelegentlich Fisch zu essen. Früher wußten die Mütter rein aus Erfahrung, daß Lebertran gut für ihre Kinder war; heute untersucht die Wissenschaft die Wirkung von Fischöl auf so verschiedene Krankheiten wie Herzerkrankungen, Hautleiden, Rheuma, Fettleibigkeit, Diabetes, multiple Sklerose, Geisteskrankheiten und Krebs.

Diese neuen Erkenntnisse über unseren Nährstoffbedarf haben mich veranlaßt, eine Studie über Schwangere durchzuführen, die viel Fisch essen, vor allem fetten Fisch wie Makrele, Hering, Sardinen und Lachs. Wir müssen wissen, inwieweit eine solche Ernährung die Gesundheit Schwangerer – und daher ihrer Babys – fördert und die Geburt sowie die Frühgeborenenquote beeinflußt. Da die Fettsäuren von Meeresfrüchten die Entwicklung des Gehirns unterstützen soll, muß dieses Langzeitprojekt die Kinder weiter beobachten.

Ein weiteres menschliches Charakteristikum ist der Ausdruck von Gefühlen durch Tränen. Das ist mit mariner Adaption nicht unvereinbar, da Meerechsen, Schildkröten, Meereskrokodile, Seeschlangen, Robben und Meerottern salzige Tränen weinen, während Landsäuger weder Tränen noch eine Art Salzdrüse in der Nase haben. Ihr Vorhandensein beim Menschen könnte als verbliebener Rest eines zusätzlichen Salz-Ausscheidemechanismus interpretiert werden.

Die Gestalt unseres Körpers, dessen untere Gliedmaßen den

Rumpf verlängern, macht uns stromlinienförmig wie alle Meeressäuger. Unsere Gestalt ist auch zum Laufen und Rennen auf zwei Beinen gut geeignet. Die aufrechte Haltung ist mit einem Küstenleben vereinbar: Es ist einfacher, aufrecht zu bleiben, wenn man sich in seichtem Wasser bewegt. Unsere Babys zum Beispiel können sich im Wasser schon aufrecht halten und laufen, bevor es ihnen auf dem Trockenen gelingt.

Das Fehlen einer Körperbehaarung fällt oft als größter Unterschied zwischen Mensch und Affe auf. Der Zoologe Desmond Morris beginnt sein berühmtes Buch *Der nackte Affe* mit der Überlegung, warum von 193 Primatenarten nur der Mensch nackt ist. Sämtliche Meeressäuger (Delphine, Wale, Dugongs), viele tropische halbmarine Säuger, Seelöwen und Walrosse sind unbehaart. Die einzigen unbehaarten Landsäuger sind Blindmäuse, die in unterirdischen Gängen leben. Man könnte einwenden, daß Elefanten und Flußpferde ebenfalls unbehaarte Landsäuger sind, doch sie haben eine enge Beziehung zum Wasser und müssen ihre nackte Haut mit einer Schlammschicht schützen.

Der menschliche Körper hat keine Haare, die ihn warmhalten, sondern eine Fettschicht unter der Haut, ein weiteres Merkmal, das mit mariner Adaption nicht unverträglich ist. Alle mittelgroßen und großen Meeressäuger haben eine Schicht weißes Fett, die den Auftrieb verbessert, stromlinienförmig glättet und gegen Kälte isoliert; an Land aber bremst eine Fettschicht nur und kann zur Hitzefalle werden. Das führt zur Frage, wie wir unsere Körpertemperatur regeln. Dabei fällt als erstes auf, daß sie mit 37° niedriger liegt als bei den meisten Landsäugern (Pferde haben 38°, Rinder und Meerschweinchen 38,5°, Kaninchen, Schafe, Hunde und Katzen 39°, Ziegen 39,5°). Die relativ niedrige Körpertemperatur haben wir mit Meeressäugern gemeinsam. Ähnlich schwankt unsere Temperatur um weniger als 1°, die vieler anderer Landsäuger dagegen um 5°. Wenn es heiß wird, regeln wir unsere Temperatur durch Schwitzen. Von allen Säugetieren produzieren wir den meisten Schweiß. Das Schwitzen galt lange als rätselhafte Verirrung der Natur, weil es dem Körper große Mengen Wasser und Salz entzieht. Eine neue Sicht dieses Mechanismus wird möglich, wenn wir Menschen als Primaten betrachten, die sich einer Umgebung angepaßt haben, in der Wasser und Salz frei verfügbar sind. Bärenrobben sind – abgesehen vom Menschen – die einzigen Säugetiere, die bei Überhitzung an Land schwitzen: Sie sondern Schweiß über ihre Schwanzflossen ab. Schweiß ist also ein weiterer spezifisch menschlicher Zug, der mariner Anpassung nicht widerspricht.

Auch Nase und Hals haben Charakteristika, die Mensch und Schimpanse und sogar Mensch und andere Landsäuger unterscheiden. Zum Beispiel ragt unsere Nase aus dem Gesicht. Der

Nach heutigem Erkenntnisstand der Ernährungswissenschaft weist ein großes Gehirn auf eine Adaption ans Meer hin. Optimale Gesundheit setzt den gelegentlichen Verzehr von Fisch voraus.

einzige andere Primat mit einer vorstehenden Nase – der Nasenaffe – lebt interessanterweise in den Feuchtgebieten an den Küsten Borneos und ist ein ausgezeichneter Langstreckenschwimmer. Durch Schwimmen entkommt er dem nachts jagenden Java-Leoparden, der seiner Beute ungern ins Meer folgt. Eine lange Nase ist ein offenkundiger Vorteil beim Schwimmen oder Tauchen, da sie das Wasser von den Nasenlöchern ablenkt. Ein weiteres Charakteristikum sind die großen, leeren Stirnhöhlen auf beiden Seiten der Nase. Die darin enthaltene Luft macht unseren Schädel im Wasser leichter und sogar schwimmfähig; auch das ist mit einer Adaption ans Schwimmen nicht unvereinbar.

Im Bereich der oberen Luftwege fällt ein weiterer Unterschied zwischen uns und den Schimpansen sowie anderen Landsäugern auf. Unser Kehlkopf sitzt tief, was es uns erleichtert, entweder durch die Nase oder durch den Mund zu atmen. Auch differenziertes Sprechen wird möglich. Ein tiefer Kehlkopf hat den Vorteil, daß wir zwischen zwei Schwimmzügen unsere Lungen blitzschnell füllen können. Seelöwen und Dugongs haben ebenfalls einen tiefen Kehlkopf. Auch dieses Merkmal ist also mit mariner Adaption nicht unverträglich. Wir besitzen es allerdings nicht von Geburt an. Neugeborene sind reine Nasenatmer, so daß sie gleichzeitig saugen und atmen können. Erst im Alter von vier Monaten löst sich der Kehlkopf vom Gaumen und wandert tiefer.

Wie in Kapitel 1 erwähnt, ist das auch das Alter, in dem der Neokortex die primitiven Reflexe ablöst, zu denen ebenso die automatischen Schwimmbewegungen gehören. Nach einiger Zeit, wenn der Neokortex einen gewissen Entwicklungsstand erreicht hat, zeichnet sich der Mensch durch die Fähigkeit aus, bewußte Kontrolle über seine Atmung ausüben zu können. Unser neues Gehirn kann zum Beispiel die Atmung einige Sekunden lang anhalten oder im Gegenteil beschleunigen und vertiefen. Das ermöglicht einerseits sprachliche Artikulation, andererseits ein spezifisches Schwimmverhalten.

Vergleichen wir einmal verschiedene Primaten beim Schwimmen. Affen schwimmen instinktiv und sehr gut. Auch Menschen können sehr gut schwimmen, wenn sie es gelernt haben und gut trainiert sind. Doch die meisten Menschenaffen haben im Wasser Angst und ertrinken leicht, sinken entweder stocksteif oder geraten in Panik. Sie scheinen auf einer Zwischenstufe zwischen den instinktgesteuerten Affen und dem Menschen mit seinem bewußt kontrollierten Verhalten zu stehen. Ihr Neokortex ist weiter entwickelt als bei den Affen, aber nicht so weit wie bei uns. Beim Schwimmen gleichen sie menschlichen Babys in der kritischen Phase. Da Schwimmen beim Menschen etwas Erlerntes ist, hängt es stark von früher Konditionierung ab. Negative

Konditionierung kann zu chronischer Wasserangst führen, so daß Schwimmen vielleicht nie erlernt wird. Dank seiner bewußten Atemkontrolle kann es der Mensch zum besten Taucher und Schwimmer unter den Primaten bringen. Schwamm- und Perlentaucher können mehrere Minuten unter Wasser bleiben, meist in 20 m Tiefe. Gut trainierte Schwimmer haben genug Ausdauer, um über den Ärmelkanal und wieder zurückzuschwimmen, und die Geschwindigkeit eines olympischen Kurzstreckenschwimmers entspricht schnellem Gehen. Bewußte Atemkontrolle kann also ein Vorteil bei mariner Adaption sein.

So unterschiedlich das Sexualverhalten bei Landsäugern auch ist, gibt es doch einige Gemeinsamkeiten, zum Beispiel, daß das Männchen sich dem Weibchen in der Regel von hinten nähert. Hier zeigt der Mensch eine Besonderheit. In den meisten Kulturen wenden Mann und Frau bei dieser Gelegenheit einander das Gesicht zu. Außerdem sind sie orgasmusfähig. Auch diese Eigenheiten widersprechen nicht einer marinen Adaption, da auch Delphine und Wale von vorn kopulieren und starke orgasmische Reaktionen zeigen. Die Vagina der Frau teilt einige Merkmale mit der Vagina von Meeressäugern: Beide sind lang, verlaufen schräg und haben ein Hymen. Bei Meeressäugern verhindert das Hymen, daß Wasser in die Vagina eindringt. Es ist erwiesen, daß die weibliche Vagina wasserdicht ist – ein wichtiges Argument, wenn sich eine Frau während der Wehen im Wasser entspannen möchte.

Im Sexualverhalten bilden die Zwergschimpansen unter den Menschenaffen eine Ausnahme, weil sie ebenfalls von vorn kopulieren und sowohl Männchen wie Weibchen zum Orgasmus kommen. Interessanterweise sind Zwergschimpansen dem Leben in den Sümpfen tropischer Wälder angepaßt, man hat sie auch schon schwimmen gesehen. Anscheinend hat ihr Neokortex einen höheren Entwicklungsstand als beim gemeinen Schimpansen.

Aufschlußreich auch die Zusammensetzung unseres Blutes: Beim Menschen sind in einem Kubikmillimeter 5 Millionen rote Blutzellen enthalten, beim Schimpansen 7,3 Millionen, während der Hämoglobinanteil pro Zelle beim Menschen 15 Prozent beträgt, beim Schimpansen 12 Prozent. Wie wir haben die Meeressäuger weniger rote Blutzellen und einen höheren Hämoglobinspiegel, ein weiterer Hinweis, daß die Menschen den Meeressäugern näher stehen als den Menschenaffen.

Ein weiterer auffälliger Vergleichspunkt zwischen Mensch und Schimpanse ist die manuelle Geschicklichkeit. Beide haben Hände mit fünf Fingern und können eine weite Palette manueller Aufgaben erfüllen. Menschen verfügen jedoch über den Vorteil einer hochentwickelten Gehirnpartie speziell für Hand- und Fingerbewegungen. Das befähigt uns zum Klavierspielen oder

Lauren lockt einen Delphin zu sich heran. Diese Tiere sind nur zu gern für ein Spielchen zu haben.

Maschineschreiben, was ein Schimpanse nie tun könnte. Vergleichen wir unsere Hände mit denen eines Schimpansen: Ins Auge fällt bei uns vor allem das Hautdreieck zwischen Daumen und Zeigefinger, das ein Abspreizen des Daumens über den rechten Winkel hinaus verhindert. Dieses Hautdreieck, das Schwimmhäuten ähnelt, ist ein weiteres Merkmal, das einer marinen Adaption nicht widerspricht. Dasselbe ist bei den Füßen zu beobachten: Der große Zeh ist bei uns mit den anderen verbunden, beim Schimpansen nicht.

Das führt uns zu einer der häufigsten angeborenen Anomalien des Menschen, nämlich einer »Schwimmhaut« zwischen dem zweiten und dritten Zeh. Das ist so bedeutsam, weil eine angeborene Anomalie in Form eines zusätzlichen Merkmals in der Regel heißt, daß dieses Merkmal im Laufe der Evolution einmal eine Aufgabe zu erfüllen hatte.

Vielleicht läßt sich durch die Interpretation der häufigsten anatomischen Anomalien bei unserer Spezies ein besseres Verständnis der menschlichen Natur erreichen. Der holländische Anatom Cornelis Van Die sezierte für eine Studie 38 Robben. Er stellte nicht nur zahlreiche Gemeinsamkeiten zwischen einem Menschen- und einem Robbenherz fest, sondern entdeckte auch, daß sich bei vier Robben die Aorta genau hinter dem Punkt verengte, wo die zum Kopf führenden Arterien abzweigen. Dieser Befund ist interessant, weil eine solche Verengung des Aortabogens eine der häufigsten Gefäßanomalien beim Menschen ist. Sie hat zur Folge, daß mehr Blut in den Kopf und die oberen Gliedmaßen transportiert wird, dafür weniger in die unteren Extremitäten. Deshalb gehören kalte Füße zu den ersten Symptomen dieser Anomalie. Bei Robben kann das Phänomen

Ein möglicher Hinweis auf unsere marine Adaption ist die Tatsache, daß wir Menschen uns beim Lieben das Gesicht zukehren und orgasmusfähig sind. Auch Delphine kopulieren von vorn und haben starke orgasmische Reaktionen.

als Anpassung an das Tauchen betrachtet werden, da damit eine gute Blutversorgung von Herz und Gehirn gesichert ist.

Cornelis Van Die und der Gesundheitsphilosoph Machteld Roede konnten gemeinsam jene Art von Zusammenhang aufspüren, die den Wissenschaftlern oft entgeht, weil sie zu spezialisiert sind. Sie zogen eine Verbindung zwischen der Aortaverengung und einem norwegischen Mythos, der Robben für sündige Seeleute hält. Diese wurden von den Göttern bestraft und dazu verdammt, ein von Wasser, Flut und Wind abhängiges Leben zu führen. Doch die Robbe, die einem Seemann das Leben rettet, wird zum Lohn in eine schöne Prinzessin verwandelt und darf den Seemann heiraten. Diese Frau hat schöne dunkle Augen und einen schönen Körper, doch ihre Füße sind immer kalt … Aus angeborenen Anomalien und Mythen können wir noch viel lernen.

13 Wann werden wir zum Homo *sapiens*?

»Erkenne dich selbst.« Diese Worte standen auf dem Apollotempel in Delphi und werden den Sieben Weisen zugeschrieben. Selbsterkenntnis ist die Grundlage der Weisheit. Falls sich die Vision des Menschen als »Meerschimpanse« bewahrheitet, wird das der größte Durchbruch bei der Suche nach unseren Ursprüngen – also in unserer Selbsterkenntnis – seit Darwin sein. Dann werden auch aus der Flut wissenschaftlicher und technischer Fortschritte des 20. Jahrhunderts zwei Namen auftauchen, Alister Hardy und Elaine Morgan.

1960 veröffentlichte Sir Alister Hardy, Professor für Meeresbiologie an der Universität Oxford, einen bescheidenen Artikel im *New Scientist*, in dem er die »Meeraffen-Theorie« vorstellt. Dieser revolutionären Theorie über die Herkunft des Menschen zufolge war unser direkter Vorfahre ein Primat, der eine halbmarine Phase durchgemacht hat. Hardy führte seine Hypothesen jedoch nicht weiter aus, da er warten wollte, bis Fossilfunde seine Ansichten stützten, und widmete den Rest seiner Laufbahn der Erforschung weiterer Aspekte der menschlichen Natur.

Inzwischen grübelte die Schriftstellerin Elaine Morgan über die Fragen nach, die Hardy aufgeworfen hatte, und brachte seine Theorien in ihren Büchern *Kinder des Ozeans: Der Mensch kam aus dem Meer*, *Der Mythos vom schwachen Geschlecht: Wie die Frauen wurden was sie sind*, und *The Scars of Evolution* an die breite Öffentlichkeit. In jedem Buch brachte sie die Theorien auf den jeweils neuesten Stand der Wissenschaft.

Elaine Morgan organisiert auch Konferenzen für Wissenschaftler der verschiedensten Disziplinen. Gemeinsam mit dem Geologen Leo La Lumiere hat Elaine Morgan ein Szenario zur Entstehung des Menschen entwickelt. Demnach wurde zu einer Zeit, als ein Teil Ostafrikas vom Meer überflutet wurde, eine Gruppe von Menschenaffen auf einer Insel abgeschnitten. Unter diesen Umständen mußten sie sich einer neuen Umgebung anpassen, und seit Darwin weiß man, daß das Leben auf einer Insel den Evolutionsprozeß beschleunigt.

Heute unterstützen zahlreiche weitere Forschungsansätze die Meeraffen-Theorie. Daß Daten so vieler Bereiche in dieselbe Richtung weisen, ist der Grund, warum wir diese Hypothese sehr ernst nehmen. Bei den wichtigsten Merkmalen, die uns vom Schimpansen unterscheiden (Kapitel 12), stellte ich vorsichtig fest, daß jedes einzelne dieser Merkmale mit einer marinen Adaption »nicht unverträglich« ist. Damit wollte ich betonen, daß kein einziges dieser Merkmale allein genügt, um eine neue Theorie zu stützen, doch alle zusammengenommen gewinnen Brisanz. Die Schwierigkeit bei einer radikal neuen Sicht eines Problems besteht darin, daß jeder Experte es unter seinem eigenen spezialisierten Blickwinkel betrachtet, die verschiedenen anderen Ansätze nicht sieht und daher die Notwendigkeit einer

neuen Theorie nicht erkennt. Jemand von außen wie Elaine Morgan dagegen hat eine umfassendere und ausgewogenere Perspektive.

Im letzten Jahrzehnt des 20. Jahrhunderts haben es auch immer mehr Wissenschaftler gewagt, sich vom Einfluß der Fossilienforscher zu befreien und die Ursprünge des Menschen mit neuen Augen zu betrachten. Bis vor kurzem galten die Fossilienforscher als Experten auf diesem Gebiet, denen es als einzigen zukam, Theorien darüber aufzustellen. Heute bewerten wir diese Forschung als gleichrangige und nicht mehr als überlegene Methode zur Erforschung der menschlichen Ursprünge. Denn es gibt viele Gründe, warum fossile Zeugnisse allein unzureichend sind:

● Wenn menschliche Fossilien gefunden werden, heißt das zunächst einmal, daß die geologischen Umstände absolut ungewöhnlich waren. Der französische Geologe Jacques Varet, ein Kenner Ostafrikas, zählte alle geologischen Bedingungen auf, die zusammentreffen müssen, damit ein Hominidenfossil auch nur eine winzige Chance hat, eines Tages von einem Paläontologen

1960 stellte Sir Alister Hardy eine Theorie vor, der zufolge unser direkter Vorfahre, ein Primat, durch eine Phase ging, in der er sowohl dem Land als auch dem Meer angepaßt war.

Um uns selbst und unsere Bedürfnisse besser zu erkennen, wäre es nützlich herauszufinden, welcher Umgebung wir ursprünglich angepaßt waren.

entdeckt zu werden. Ostafrika ist geologisch so außergewöhnlich, daß es nicht überrascht, daß hier Fossilien von Hominiden, die vor 2 oder 3 Millionen Jahren lebten, gefunden wurden. Aber wir müssen vorsichtig sein mit der Behauptung, die Ursprünge des Menschen lägen in diesem Teil der Welt.

- Nur die harten Teile des Körpers, wie Zähne, Schädel, Kiefern und die langen Extremitätenknochen, bleiben in Fossilien erhalten. Und auch diese werden oft durch Erdbewegungen verkrümmt. Da viele Adaptionsmerkmale nur das weiche Gewebe betreffen, ist es unmöglich, das Fossil eines Tigers von dem eines Löwen zu unterscheiden.
- Der Molekularbiologie zufolge trennten sich Mensch und Schimpanse vor etwa 6 bis 8 Millionen Jahren. Aber für den Zeitraum vor 10 bis 3,5 Millionen Jahren besteht eine Fossilienlücke!

Elaine Morgan besitzt die Fähigkeit, in so verschiedenen Disziplinen wie der Geologie, Paläontologie, Paläoanthropologie, Primatologie, vergleichenden Anatomie, vergleichenden Physiologie, vergleichenden Pathologie, Methodologie und nicht zuletzt der Molekularbiologie signifikante Daten ausfindig zu machen. Heute ist klar, daß sich das goldene Tor zu unserer Vergangenheit über das Studium der Körpermoleküle, vor allem unserer Gene öffnen wird. Das wird sicher zu einer Revision aller herrschenden Theorien führen. Folgendes Beispiel hat Elaine Morgans Aufmerksamkeit geweckt.

Alle afrikanischen Primaten tragen den sogenannten »Pavian-Marker« in sich, eine Art genetischer »Narbe«, die wohl aus dem

Kampf gegen einen bedrohlichen, weit verbreiteten Virus stammt. Weder asiatische Primaten noch der Mensch haben diesen Marker, so daß es gute Gründe gibt, neu zu überdenken, ob unsere Ursprünge wirklich in Afrika liegen. Die Molekularbiologie schickt uns wieder an den Anfang zurück. Ich möchte gern einen ganz anderen, allerdings nicht konträren Ansatz zur Erforschung unserer Vergangenheit vorschlagen: die Interpretation oder Neu-Interpretation unserer Mythen, Legenden und heiligen Texte. Wir sollten uns ernsthaft bemühen, unser kollektives Unbewußtes als das geistige Erbe der gesamten Menschheit zu entziffern.

Wir befinden uns in einem Stadium unserer Geschichte, in dem eine Zusammenschau aller möglichen Perspektiven zur besseren Selbsterkenntnis nötig ist. Es ist von großer Bedeutung, daß wir unsere ursprüngliche Umgebung wiederentdecken, aber das ist eine mühselige Aufgabe. Tiere passen sich, um zu überleben, an ihre Umwelt an, die Menschen verändern ihre Umwelt und passen sie ihren Bedürfnissen an.

Heute erkennen wir mit Grauen, wie weit wir gegangen sind. Die Zeit ist gekommen, um ein Inventar unserer ursprünglichen Bedürfnisse aufzustellen. »Erkenne dich selbst« gilt heute für die Menschheit als Ganzes. Träumen wir von einer Zeit, in der wir wirklich zum Homo *sapiens* werden.

Anders als das Tier, neigt der Mensch dazu, seine Umgebung zu verändern und seinen Bedürfnissen anzupassen. Wir sind zu Reisenden geworden, die den Bezug zu ihrem Ausgangspunkt verloren haben.

Zur Aufnahmetechnik

Jessica Johnson mit der Nikonos RSAF, der modernsten Unterwasserkamera der Welt.

Die Produktion von Unterwasserkameras hat bei Nikon eine lange Geschichte. Die erste wurde von Jacques Cousteau entworfen, die Calypso, und war in ihrer Zeit ein großer Erfolg. Heute stehen drei Kameras zur Wahl: eine normale Landkamera, die in einem Unterwassergehäuse benutzt werden kann, die Nikonos V, speziell für Unterwasserphotographie entwickelt und bei Tauchern mit photographischem Interesse sehr beliebt, und die Nikonos RSAF – Nikons modernstes Unterwasser-Kamerasystem.

Zumeist habe ich für dieses Buch die Nikonos RSAF eingesetzt. Bei der schwierigen Gestaltung und Komposition vieler Aufnahmen waren der Autofokus und das große LCD-Anzeigefeld eine unschätzbare Hilfe.

Die Kamera wird in der Regel als komplettes Set geliefert, mit Gehäuse, drei Wechselobjektiven (20-35-mm-Zoom, 28 mm und 50 mm), Winkelschienen, dem Blitz SB 104 und einem Batterieladegerät. Die absolute Zuverlässigkeit und Dichtigkeit (von Nikon bis zu 100 m Tiefe garantiert) erklärt wahrscheinlich das hohe Gesamtgewicht. Die Kamera allein wiegt fast 2 kg.

Dabei fand ich die RSAF ausgesprochen differenziert; Design und Bedienung sind in allen Details gründlich durchdacht. Das Einlegen des Films war einfach: Einmal eingesetzt, wurde er per Motorantrieb automatisch weitergespult. Bei Filmen mit DX-Code wird auch die ASA-Zahl automatisch eingestellt. Die Ladekammer liegt hinten; wird die wasserdichte Außentür geöffnet, kommt eine leichtere Innentür zum Vorschein. In diesem Bereich liegen auch das Batteriefach, der Rückspulknopf und der Synchronschalter für den zweiten Verschlußvorhang des Blitzgeräts.

Hier sollte erwähnt werden, daß die Nikonos RSAF die erste Spiegelreflex-Unterwasserkamera der Welt ist; die Bedienungselemente sind also den meisten Landkameras dieser Art sehr ähnlich, es kommen nur einige Extras hinzu. Außer dem Auslöser befindet sich rechts oben auf dem Gehäuse (nicht auf dem Objektiv selbst) der Blendenwahl-Drehring (von 2,8 bis 22 mit Zwischenwerten). Unter dem Auslöser ist ein Schalter für motorunterstützte manuelle Scharfeinstellung (Powerfocus), links von der Belichtungszeit-Einstellscheibe ein flexibles Fokussiersystem mit Wahlmöglichkeiten. Alle zum Photographieren nötigen Informationen werden elektronisch durch die Kamera an das Objektiv geleitet. Die drei Objektive sind mit Bajonettverschlüssen ausgestattet und speziell für die RS konzipiert. Nur das 50-mm-Objektiv eignet sich auch für Landaufnahmen, die Optik der beiden anderen ist auf Unterwasseraufnahmen abgestimmt.

Mit dem Blitzaufsatz kam mir die ganze Apparatur erst schwer und unhandlich vor, doch unter Wasser war die Kamera ein robustes Instrument mit guter Gewichtsverteilung, das ich rasch und relativ leicht handhaben konnte. Das übergroße Sucherbild zeichnet sich durch ungewöhnliche Schärfe und Helligkeit aus, was bei Unterwasserphotographie nicht unbedingt üblich ist. Für mich war das ein großes Plus, da ich mit so unterschiedlichen Motiven arbeitete und meine Bilder rasch gestalten mußte. Die strahlend hellen Anzeigen auf dem LCD-Display lieferten mir alle nötigen Informationen, ein weiteres, für mich sehr nützliches Detail.

Der zur Kamera gehörige Blitz, der SB 104, ist ein leistungsstarkes Gerät mit vielen Einstellmöglichkeiten. Die Wahl der jeweils richtigen Einstellung ist manchmal nicht ganz einfach, aber besonders für meine »Wasserbabys« setzte ich meist den matrixgesteuerten Aufhellblitz bei vorgegebener Blende ein. Dadurch wirkten die Babys im korrekten Entfernungsbereich natürlich und nicht künstlich beleuchtet.

Erst benutzte ich für die Babys das 50-mm-Objektiv, merkte aber bald, daß ich mich zu weit von ihnen entfernen mußte und die Hauttöne fahl und ausgewaschen aussahen. Mit dem 28-mm-Objektiv hatte ich die besten Erfolge.

Bei Unterwasseraufnahmen lernt man vor allem sorgfältig planen. Die Babys konnten höchstens zehn Sekunden unter Wasser bleiben, daher war es wichtig, daß Mutter und Lehrerin meine Absichten kannten, bevor ich selbst untertauchte. Bei den Aufnahmen hatte ich es relativ bequem: Ich konnte im Schwimmbecken am Boden sitzen und hatte im allgemeinen

Die Nikonos RSAF von oben, mit einem 20-35-mm-Zoom. Dieses Objektiv wurde bei fast allen Photos dieses Buchs eingesetzt.

gute Sicht. Doch die Bedingungen bei den Delphinen erforderten ein Umdenken. Bei unserer Ankunft waren die Sichtverhältnisse schlecht und die Entfernungen anfangs schwer abzuschätzen – was im Meer sehr nah aussieht, kann in Wirklichkeit ziemlich weit weg sein. Meine ersten Bilder waren unbrauchbar; ich war von meinem Gegenstand zu weit entfernt, der folglich unterbelichtet war. Ich mußte also näher heran und tauschte deshalb mein 28-mm Objektiv, das für die »Wasserbabys« so nützlich gewesen war, gegen den 20-35-mm-Zoom aus. Ich stellte ihn immer auf 20 mm ein, damit ich an mein Motiv näher heranrücken konnte (bis auf einen Meter), und fotografierte mit Blende 11 und einer Belichtungszeit von 1/125 s.

Als diese ersten Hürden genommen waren, mußte ich mit den enormen Ausmaßen und der Schnelligkeit der Delphine ungehen lernen. Außer wenn sie bremsten, um sich streicheln zu lassen, war die Scharfstellung schwierig. Der Einzel-Autofocus hatte Probleme, einen Fokussierpunkt zu finden, wahr-

Die Nikonos RSAF mit dem Blitz-System SB 104.

scheinlich wegen der Größe des Objekts, daher schaltete ich auf Powerfocus um und drückte mit dem Finger ständig leicht auf den Auslöser. So hatte ich etwas mehr Kontrolle beim Schwenken. Das 20-mm-Objektiv hatte einen großen Schärfenbereich, so daß ich einigermaßen sicher sein konnte, scharfe Fotos zu erhalten.

Rückblickend kann ich sagen, daß es eine Freude war, mit der RSAF zu arbeiten; sie ist mir richtig ans Herz gewachsen. Allerdings ist sie sehr teuer, für den normalen Hobbyphotographen kaum erschwinglich. Aber für alle, die gern beim Tauchen photographieren wollen, ist die Nikonos V ein ausgezeichneter Ersatz. Sie ist billiger, wesentlich leichter, und hat eine unübertroffene Optik.

Die anderen Kameras, die ich für dieses Buch benutzt habe, sind meine alten, aber zuverlässigen Nikons FE und HP F3 mit zwei Objektiven, dem Nikonos 20-32 mm und 38-85 mm, und nicht zuletzt die Hasselblad 500c mit einem 92-mm-Porträt-Objektiv.

Die Schwarzweißphotos in diesem Buch wurden mit dem Agfa Pan APX100 aufgenommen. Für die meisten Unterwasser- und Landschaftssequenzen habe ich den Farbnegativfilm Agfa 100 Plus benutzt. Bei schwachen Lichtverhältnissen oder für besondere Effekte habe ich mit dem Farbnegativfilm Agfachrome 1000 RS photographiert.

Gesang der Geister über den Wassern

Des Menschen Seele
Gleicht dem Wasser:
Vom Himmel kommt es,
Zum Himmel steigt es,
Und wieder nieder
Zur Erde muß es,
Ewig wechselnd.

Strömt von der hohen,
Steilen Felswand
Der reine Strahl,
Dann stäubt er lieblich
In Wolkenwellen
Zum glatten Fels,
Und leicht empfangen
Wallt er verschleiernd,
Leisrauschend
Zur Tiefe nieder.

Ragen Klippen
Dem Sturz entgegen,
Schäumt er unmutig
Stufenweise
Zum Abgrund.

Im flachen Bette
Schleicht er das Wiesental hin,
Und in dem glatten See
Weiden ihr Antlitz
Alle Gestirne.

Wind ist der Welle
Lieblicher Buhler;
Wind mischt vom Grund aus
Schäumende Wogen.

Seele des Menschen,
Wie gleichst du dem Wasser!
Schicksal des Menschen,
Wie gleichst du dem Wind!

Johann Wolfgang von Goethe

Literatur

1 Neugeborene können schwimmen!
McGraw, M. B., »Swimming Behavior of the Human Infant«, *Journal of Pediatrics*, 15:485-90, 1939.

2 Wasserbabys und ihre Schwimmlehrer
Kochen, C. L. & McCabe, J., *The Baby Swim Book*, Leisure Press, Illinois, 1986.
Newman, V., *So lernen kleine Kinder schwimmen. Ein praktischer Ratgeber für Eltern*, München, 1967.

3 Wasserbabys und ihre Eltern
Diem, L. u. a., »Längsschnittuntersuchung über die Wirkung frühzeitiger motorischer Stimulation auf die Gesamtentwicklung des Kindes im 4. bis 6. Lebensjahr«, *Schriftenreihe des Bundesinstituts für Sportwissenschaft*, Schorndorf, 1980.
Pirkko, N., »The Primary Steps in Learning«, World Aquatic Baby Conference, UCLA, 1993.
Sidenblath, Erik: *Wasserbabys. Geburt und Entwicklung in unserem Urelement*, Essen, 1987.

4 Was sagen die Mediziner?
Autti-Rämö, I., »Handicapped Babies«, World Aquatic Baby Conference, UCLA, 1993.
Goldberg, G. N. u. a., »Infantile Water Intoxication After a Swimming Lesson«, *Pediatrics*, 70:599, 1982.
Harter, L. u. a., »Giardasis in an Infant and Toddler Swim Class«, *American Journal of Public Health*, 74:155, 1984.
Kropp, R. M. u. a., »Water Intoxication from Swimming«, *Journal of Pediatrics*, 101:947, 1984.
Pringle, M. B., »Swimming and Grommets«, *British Medical Journal*, 304:198, 1992.

5 Schwangerschaft
Barker, D. J. P. u. a., »The Relation of Small Head Circumference and Thinness at Birth to Death from Cardiovascular Disease in Adult Life«, *British Medical Journal*, 306:422-6, 1993.
Barker, D. J. P. u. a., »Growth in Utero and Serum Cholesterol Concentration in Adult Life«, *British Medical Journal*, 307:1523-7, 1993.
Christiansen, O. B. u. a., »Study of the Birthweight of Parents Experiencing Unexplained Recurrent Miscarriages«, *British Journal of Obstetrical Gynaecology*, 99:408-11, 1992.
Koletzko, B., »Transfatty Acids May Impair Biosynthesis of Long-chain Polyunsaturates and Growth in Man«, *Acta Paediatrica*, 81:302-6, 1992.
Law, C. M. u. a., »Initiation of Hypertension in Utero and Its Amplification Throughout Life«, *British Medical Journal*, 306:24-7, 1993.
Newnham, J. P. u. a., »Effects of Frequent Ultrasound During Pregnancy: A Randomized Controlled Trial«, *Lancet*, 342:887-91, 1993.
Tarantal, A. F. & Hendrickx, A. G., »Evaluation of the Bioeffects of Prenatal Ultrasound Exposure«, *Cynomolgus Macaque Teratology*, 39:137-47, 1989.

6 Geburt in einer weiblichen Umgebung
Balaskas, J. & Gordon, Y., *Water Birth*, Unwin Hyman, 1990.
Huttunen, M. & Niskanen, P., »Prenatal Loss of Father and Psychiatric Disorders«, *Archives of General Psychiatry*, 35:423-31, 1978.
Odent, M., *Geburt und Stillen. Über die Natur elementarer Erfahrungen*, München, 1994.
Odent, M., »Birth Under Water«, *Lancet*, 2:1476-7, 1983.
Odent, M., »The Fetus Ejection Reflex«, *Birth*, 14:104-5, 1987.
Odent, M., »Position in Delivery«, *Lancet*, S. 1166, 1990.
Simpson, E., »Natural Pools of Clach Bhan on Ben Avon in the Cairngorms«, *The Scots magazine*, April 1990.

7 Placebo-, Halo- und Nocebo-Effekt
Jarret, R. J., »Gestational Diabetes: A Non-entity?«, *British Medical Journal*, 305:37-8, 1993.
MacArthur, C. u. a., »Investigation of Long-term Problems After Obstetric Epidural Anaesthesia«, *British Medical Journal*, 304:1279-82, 1992.
Macaulay, J. H. u. a., »Epidural Analgesia in Labor and Fetal Hyperthermia«, *Obstetrics and Gynecology*, 80:665-9, 1992.
McCandish, R. & Renfrew, M., »Immersion in Water During Labour and/or Birth: The Need for Evaluation«, *Birth*, 20, 2:79-85, 1993.
Odent, M., »Birth Under Water«, *Lancet*, 2:1476-7, 1983.
Phillips, D. P. u. a., »Psychology and Survival«, *Lancet*, 342:1142-5, 1993.
Rosenthal, M. J., »Warm-water Immersion in Labor and Birth«, *The Female Patient*, 16:35-47, 1991.
Rosevear, S. K., Fox, R. u. a., »Birthing Pools and the Fetus«, *Lancet*, 342:1048-9, 1993.
Viktrup, L. u. a., »Epidural Anesthesia During Labor and Stress Incontinence After Delivery«, *Obstetrics and Gynecology*, 82:984-6, 1993.

8 Liebe, Geburt und Wasser
Carmichael, M. S. u. a., »Plasma Oxytocin Increases in the Human Sexual Response«, *Journal of Clinical Endocrinology and Metabolism*, 64:27-31, 1987.
Odent, M., »The Early Expression of the Rooting Reflex«, *Proceedings of the 5th International Congress of Psychosomatic Obstetrics and Gynaecology, Rome*, Academic Press, London, 1977.
Odent, M., *Erfahrungen mit der sanften Geburt*, München, 1986.
Odent, M., *Water and Sexuality*, Penguin, London, 1990.
Odent, M., »Colostrum and Civilization«, *The Nature of Birth and Breastfeeding*, Praeger, New York, 1992.

Pedersen, C. A. & Prange, A. J., »Induction of Maternal Behaviour in Virgin Rats After Intracerebroventricular Administration of Oxytocin«, *Proceedings of the National Academy of Sciences*, USA, 76: 661-5, 1979.

9 Wasser – ab der Geburt bis zum Tod

Kujala, U. M. u. a., »Osteoarthritis of Weight-bearing Joints of Lower Limbs in Former Elite Male Athletes«, *British Medical Journal*, 308:231-4, 1994.

Panush, R. S. u. a., »Is Running Associated with Degenerative Joint Disease?«, *Journal of the American Medical Association*, 225:11-14, 1986.

10 Die Heilkräfte des Wassers

Kitzinger, S., *Sexualität im Leben der Frau*, München, 1984.

New York Academy of Medicine and New York City Public Health Committee, »Maternal Mortality in New York City, 1930, 1931, 1932«, The Commonwealth Fund, 1993.

Odent, M., »Man, the Womb and the Sea: The Roots of the Symbolism of Water«, *Pre- and Perinatal Psychology Journal*, 3:187-93, 1993.

O'Hare, J. u. a., »Observations on the Effects of Immersion in Bath Spa Water«, *British Medical Journal*, 291:1747-51, 1985.

11 Mensch und Delphin

Balaskas, J. & Gordon, Y., *Water Birth*, Unwin Hyman, London, 1990.

Cochrane, A. & Allen, K., *Dolphins and Their Power to Heal*, Bloomsbury, London, 1992.

Dobbs, H., *Delphine*, Basel, 1986.

Dobbs, H. *Journey into Dolphin Dreamtime*, Jonathan Cape, London, 1992.

»Les Dauphins sauvent trois personnes«, Reseau Cataces No. 12, Paris, 1994.

Lilly, J., *Communication Between Man and Dolphin*, Julian Press, New York, 1978.

Smith, B. »Using Dolphins to Elicit Communication from an Autistic Child«, *The Pet Connection*, Minneapolis Center for the Study of Human-Animal Relationships and Environments, 1984.

12 Sind wir Meerschimpansen?

Darwin, C., *Die Abstammung des Menschen und die geschlechtliche Zuchtwahl*, Stuttgart, 1875.

Crawford, M. & Marsh, D., *The Driving Force*, Heinemann, London, 1989.

Morris, D., *Der nackte Affe*, München, 1968.

Nie, C. J. van, »The Bulbous Aortae (*Aorta ascendens*) in the Growing Common Seal (*Rhoea vitulina vitulina*), *Aquatic Mammals*, 11, 3:71-4, 1985.

Sibley, C. G. & Ahlquist, J. E., »DNA Hybridization Evidence of Hominoid Phylogeny: Results from an Expanded Data Set«, *Journal of Molecular Evolution*, 26:99-121, 1987.

13 Wann werden wir zum Homo *sapiens*?

Hardy, A., »Was Man More Aquatic in the Past?«, *New Scientist*, 7:642-5, 1960.

Morgan, E., *Der Mythos vom schwachen Geschlecht: Wie die Frauen wurden, was sie sind*, Düsseldorf, 1972.

Morgan, E., *Kinder des Ozeans: Der Mensch kam aus dem Meer*, München, 1988.

Morgan, E., *The Scars of Evolution*, Souvenir Press, London, 1990.

Adressen

GfG – Gesellschaft für Geburtsvorbereitung
Bundesverband e.V.
Postfach 22 01 06
40608 Düsseldorf
Tel. und Fax: 0211/25 26 07

Bund Deutscher Hebammen e.V. (BDH)
Postfach 17 24
76006 Karlsruhe
Tel.: 0721/264 97/98

Vinzenz Pallotti Hospital
c/o Sekretariat der
Geburtshilflichen Abteilung
Dr. Gerd Eldering
51429 Bensberg
Tel.: 02204/413 00
(Pionierarbeit in der Wassergeburt in Deutschland)

Aqua Birth Pools GmbH
Kastanienweg 3
CH-6353 Weggis
Tel.: 0041/41/93 02 02

Nationale Kontakt- und Informationsstelle
zur Anregung und Unterstützung
von Selbsthilfegruppen
Albrecht-Achilles-Str. 65
10709 Berlin
Tel.: 030/891 40 19
(Informationen über Selbsthilfegruppen-Arbeit; Versand von »Grüne Adressen«, Broschüre über bundesweite Selbsthilfevereinigungen und relevante Insitutionen)

Deutsche Sporthochschule Köln
Carl-Diem-Weg-50933 Köln
Ansprechpartner:
Reiner Bürger
Palanter Str. 7a–9
50937 Köln
(Ausbildung von Schwimmlehrern für Babyschwimmen)

Dolphin Reef
Southern Beach
PO Box 104
Eilat/Israel
Tel.: 00972/737/18 46